こんなときどうしたらよいですか？

ケーススタディ
労務相談事例集 プラスα

は じ め に

　当連合会は、平成21年1月に、事業主の方々や従業員の方々から当連合会等に寄せられた実際の相談などを参考にしながら労務管理上重要なテーマを取り上げ、ケーススタディの形で解説を加えた『ケーススタディ労務相談事例集』(全3巻。以下「既刊3巻」といいます。)を刊行しました。

　その発刊の趣旨等につきましては、第1巻の「はじめに」において記しているところですのでご参照願えればと思いますが、要約しますと、近年、企業と働く人々を取り巻く環境は、経済・雇用情勢、労働形態などが大きく変化している中において、個別労使間のトラブルが増加していることなどから、その未然防止ないし早期の解決を図り、良好な個別労使関係の維持・発展のお助けになればというものでした。

　お陰をもちまして、この既刊3巻は好評裡に広くご活用をいただいていることから、今般、同じ発刊の趣旨に則り、既刊3巻の続刊として本巻を発行することといたしました。

　本巻では、労働基準法や育児・介護休業法などの最近の法改正に対応したテーマのほか、既刊に収録しきれなかったテーマ、個別労使間の比較的新しい問題などを集め、既刊3巻の「プラスα版」として編集しました。

　また、今回もその内容を他にも応用していただきたいということから、既刊3巻と同様、質問に対する直接的な回答のみではなく、基本的・一般的な事項から関連する参考事項まで広く記しています。

　最後に、本巻が、既刊3巻と同様に、事業主の方や人事労務担当者のほか広く労使関係者の皆様に活用され、良好な個別的労使関係を維持・発展させるための一助となれば大変幸いに思います。

平成23年1月

　　　　　　　　　社団法人　全国労働基準関係団体連合会

ケーススタディ
労務相談事例集 プラスα

目次

第1章 労働契約に関する相談

No.1 募集・採用時の個人情報の取扱い
新規採用者に個人情報に関する書類の提出を求めることは …… 2

No.2 研修の参加強制
入社前の研修を強制することはできますか ………………… 7

No.3 採用選考の際の差別禁止
採用面接で結婚後の継続勤務について聞いてもよいですか …… 11

No.4 身元保証人の責任
従業員のミスによる損害賠償を身元保証人に請求できますか … 16

No.5 退職金制度の廃止と労働条件の不利益変更
退職金制度を一方的に廃止することはできますか ………… 20

No.6 経営者の変更に伴う労働条件の不利益変更
経営者が変更した場合でも、従前の労働条件によらなければならないのですか ……………………………………………………… 25

No.7 会社分割と労働契約の承継
会社分割に伴い従前の労働契約はどうなりますか ………… 30

No.8 再雇用の取消し
会社の業績悪化のため、定年前に合意していた再雇用を取り消せますか ……………………………………………………………… 38

No.9 自宅謹慎の取扱い
自宅謹慎中の給与の取扱いは ……………………………… 43

No.10 秘密保持義務と個人情報の保護
従業員による社外への顧客情報の持ち出し・流失への対応は … 48

i

第2章 労働時間・休日・休暇に関する相談

No.11 休日労働と時間外労働
休日労働と8時間を超える労働、深夜労働が重なった場合の割増賃金の計算は ………………………………………………………… 58

No.12 36協定の締結当事者
36協定に署名する使用者とは ………………………………… 64

No.13 特別条項付き協定
協定した時間外労働の時間の限度を超えてしまう場合は ……… 68

No.14 生活残業
生活のためにもっと残業がしたいという従業員 ……………… 72

No.15 育児支援とワーク・ライフ・バランス
男性の育児休業の取得を促進するには ………………………… 76

No.16 待機時間と賃金
就業時間終了後のポケベルの携帯は …………………………… 83

No.17 時間単位・半日単位の年休
年休を時間単位・半日単位で与える場合は …………………… 87

No.18 勤務時間・勤務日が異なる場合の年休
各日の勤務時間及び各週の勤務日が異なるパートタイマーの年休は … 92

第3章 賃金に関する相談

No.19 見舞金
見舞金は賃金ですか ……………………………………………… 98

No.20 賃金の決定
中途採用者の賃金を決定するときは …………………………… 101

No.21 解雇期間中の賃金
解雇を撤回した場合、それまでの賃金を補償しなければならないのでしょうか ……………………………………………………… 104

No.22 過払い分の賃金控除
間違って多く支払った賃金を天引きしてもよいのでしょうか … 109

No.23 月60時間を超える時間外労働に関する割増賃金
　　　長時間労働をさせたら高い割増賃金を支払わなければならないのですか …………………………………………………………… 114
No.24 裁判員休暇と賃金
　　　裁判員に選ばれた従業員の公務期間中の賃金は支払わなければならないのですか ………………………………………………… 120
No.25 休業手当
　　　大雨が原因である断水による休業は ………………… 127
No.26 最低賃金
　　　特定最低賃金の違反に対する罰則は ………………… 130

第4章　安全衛生に関する相談

No.27 安全衛生管理体制
　　　安全衛生推進者とはどのようなものですか ………… 134
No.28 感染症対策
　　　企業の感染症の予防対策と感染した従業員の取扱いは ……… 137
No.29 長時間労働と健康配慮義務
　　　長時間労働者に対して健康管理上会社が行うべきことは …… 142
No.30 健康診断
　　　深夜業に従事する者の健康診断は …………………… 148

第5章　労災・雇用保険に関する相談

No.31 労災と健康保険
　　　業務上の災害を健康保険で治療した場合は ………… 156
No.32 退職後の労災保険給付
　　　労災保険の休業補償などを受けている場合の定年退職は …… 159
No.33 雇用保険・健康保険
　　　被扶養者となった者の求職者給付 …………………… 162

第6章 パートタイマー・派遣労働者・請負に関する相談

No.34 パートタイマーの均衡待遇
今後のパートタイマーの待遇は ………………………………… 168

No.35 正社員への転換推進措置
パートタイマーから正社員への登用にもルールがあるのですか … 175

No.36 派遣元責任者
派遣元責任者の資格要件は ………………………………… 180

No.37 労働者派遣の形態
登録型派遣、紹介予定派遣とは ………………………………… 186

No.38 派遣労働者への労働条件の明示
登録型派遣労働者の労働条件の明示は ……………………… 191

No.39 派遣労働者の引き抜き
派遣先が派遣労働者を引き抜くことは問題がありますか …… 195

No.40 元請と下請従業員との関係
下請作業員に対する業務指示は ………………………………… 200

No.41 請負人と労働者の違い
請負契約で仕事をする者への労基法の適用は ………………… 207

第7章 職場のセクハラ・パワハラに関する相談

No.42 セクハラ
職場のセクハラ対策は ……………………………………… 214

No.43 パワハラ
いじめにあったという相談への対応は ………………………… 220

巻末付録
トラブルが起こったときは 紛争解決制度のご案内 …………… 226
裁判例索引………………………………………………………… 233

第❶巻 基礎知識＆労働契約に関する相談 編

Part 1・しっかり押さえたい労務管理の基本

1. ［事業を開始するときの手続き］会社を起業した場合に必要な労働関係の届出・申請手続きとしてはどのようなものがありますか　2
2. ［使用者の義務］会社を設立し、従業員を雇った場合、どんな義務を負うことになりますか　5
3. ［労働条件の明示］新たに採用した従業員には、労働条件などをどのようにして知らせればよいのですか　8
4. ［労働保険の適用対象者］パートタイマーや会社の役員も、労働保険に加入しなければならないのですか　11
5. ［賃金の支払い］資金繰りが厳しいので、今月分の給料について、従業員の了解を取れば2週間延ばしてもよいですか　17
6. ［最低賃金］最低賃金はどんな事業場や従業員にも適用されるのですか　22
7. ［労働時間］従業員の1日の勤務時間は8時間でなければならないのですか　25
8. ［時間外・休日労働をさせるとき］パートタイマーに残業してもらうにはどうしたらよいですか　30
9. ［労働時間の管理］従業員の労働時間の管理はどのようにすればよいのですか　36
10. ［事業場外のみなし労働時間制］営業マンに残業手当を支給する必要がありますか　41
11. ［年　休］年休は従業員に必ず与えなければならないのですか　44
12. ［女性の労働時間規制］女性従業員には、深夜業をさせてはいけないのですか　47
13. ［就業規則の作成・届出］就業規則の作成と届出はどのようにすればよいのですか　50
14. ［就業規則の届出］複数事業場の就業規則の届出は　55
15. ［労働者名簿・賃金台帳］労働者名簿や賃金台帳はパソコンで作ってもよいですか　58
16. ［解　雇］従業員を解雇したいのですが　61
17. ［労働災害］従業員が仕事中に機械でケガをしてしまったら　64
18. ［年少者］高校生のアルバイトを雇うときは　69

Part 2・相談事例に学ぶトラブル予防のヒント

① 募集・採用に関する相談

- No.1【求人票と異なる労働条件】求人票の内容に採用後も拘束されるのですか　76
- No.2【能力不足による自主退職勧告・解雇】即戦力を期待して採用したのに能力不足です　退職してもらうにはどうしたらよいでしょうか　79
- No.3【採用内定取消し】会社の経営悪化で採用内定を取り消せますか　82
- No.4【試用期間】試用期間は、会社が自由に決めてもよいのですか　87
- No.5【契約時に付した解約条件】採用する際に、営業成績不良の場合は退職という条件を付けることはできますか　91

② 労働契約に関する相談

- No.6【労働条件の引下げ】業績不振のため、賃金を引き下げたいのですが　95
- No.7【労働契約と請負契約】正社員から社内請負に変更できますか　99

- No.8【有期労働契約の更新】労働契約を更新する場合、契約期間は従前と同じでなければならないのですか　104
- No.9【パートタイマーへの変更】会社都合で、正社員をパートタイマーに変えられますか　109
- No.10【定年後の再雇用】定年退職者を契約社員として再雇用したいのですが、どうすればよいでしょうか　112
- No.11【派遣契約にない業務】派遣社員にお茶出しを頼んでも問題ありませんか　117
- No.12【派遣社員の直接雇用義務】派遣社員を長期間受け入れたら直接雇用しなければなりませんか　120
- No.13【下請の労働条件】下請の労働条件についての責任は　124

③ 配転・転籍などに関する相談

- No.14【転居を伴う転勤】採用当初には予定されていなかった県外転勤を命じられますか　129
- No.15【配転に伴う賃下げ】配転に伴い賃金を引き下げることができますか　134
- No.16【転　籍】従業員を転籍させる場合の留意事項は　137
- No.17【請負・転籍】請負方法、転籍、給与の変更方法　140

第❷巻 賃金・労働時間に関する相談 編

① 賃金などに関する相談

- No.1【賞与の減額】賞与を下げざるを得ない経営状態に陥っています　賞与を下げても法律上の問題はありませんか　2
- No.2【賃金・労働時間などに関する派遣元・派遣先の責任分担】派遣元から派遣社員の賃金の一部が支払われない場合、派遣先にも責任がありますか　5
- No.3【出来高払制】ペアの営業職にノルマを課す賃金制度の問題は　10
- No.4【休業手当】仕事が減ったので、臨時的に勤務日数を少なくしたいのが　14
- No.5【勤務日数削減による賃下げ】営業不振のため勤務日数を削減した場合に補償は必要ですか　18
- No.6【賃金の支払い】従業員が突然辞めた場合、給料はすぐに支払わなければなりませんか　21
- No.7【男女間の賃金格差】男性従業員との賃金の差は　24
- No.8【休業者の昇給】産休・育休取得者の昇給は　28
- No.9【未払賃金立替払制度】倒産に伴い未払賃金が残っていますが　32
- No.10【兼務役員の退職金】役員となった者の、従業員当時の退職金を凍結することはできませんか　37
- No.11【年俸制と割増賃金】年俸制社員に残業手当を支払わなければなりませんか　40
- No.12【退職金との相殺】退職金と住宅貸付残高を相殺することはできますか　44
- No.13【損害賠償債権と賃金との相殺】損害賠償額を毎月の給料から差し引くことはできますか　46
- No.14【残業手当の定額払い】残業手当を定額払いにすることはできますか　49
- No.15【自己都合退職と退職金】自己都合で辞める場合の退職金は　52

② 労働時間・休暇に関する相談

- No. 16【労働時間の管理】出退勤管理はタイムカードでなければいけないのですか 56
- No. 17【労働時間①】路線バスの運転手の時間待ちは労働時間ですか 60
- No. 18【労働時間②】車で移動している時間は労働時間ですか 64
- No. 19【端数処理】労働時間の端数を切り捨てられますか 67
- No. 20【交替制勤務】３交替勤務の労働時間はどう考えたらよいですか 70
- No. 21【３６協定】３６協定届における休日とは 74
- No. 22【法定休日の特定】祝日に働かせたら休日割増手当を支払わなければなりませんか 77
- No. 23【休憩時間中の電話当番】昼休みの電話当番は労働時間になるのでしょうか 81
- No. 24【フレックスタイム制】フレックスタイム制の労働時間管理はどうしたらよいですか 84
- No. 25【管理監督者の範囲と時間外手当の不払い責任】管理職への時間外手当の不払い責任が及ぶ者の範囲は 88
- No. 26【年休の買上げ】解雇した場合、消化していない年休は買い上げなければならないのでしょうか 93
- No. 27【年休の消化と退職時期】退職時に残っている年休を全部使われると、引継ぎの日がとれなくなってしまうのですが 97
- No. 28【賞与支給の在籍日要件】賞与の支給日まで年休をとってから退職することができるのですか 100
- No. 29【会社都合による休業と年休】会社都合による休業日でも年休を与えなければなりませんか 103
- No. 30【計画年休】盆と暮・正月休みをすべて年休で充てることは可能ですか 105
- No. 31【年休の時季変更権の行使】年休の時季変更は何回までできますか 108
- No. 32【年休の取得手続き】年休の取得は１週間前までに申請させることにしても問題ありませんか 111
- No. 33【再雇用と継続勤務要件】再雇用の場合の年休は従前の勤務年数と通算されるのですか 115
- No. 34【パートタイマーの年休】パートタイマーにも年休を与えなければならないのですか 119
- No. 35【派遣社員の産休・育休】派遣社員の産休、育休の権利は 122

第❸巻 解雇・退職その他の相談 編

① 解雇するとき・辞めるときに関する相談

- No. 1【普通解雇と懲戒解雇】普通解雇と懲戒解雇はどこが違いますか 2
- No. 2【能力不足による解雇】能力不足を理由に解雇することはできますか 8
- No. 3【業務上の負傷者の解雇】業務上負傷で長期間療養している者を整理解雇できますか 13
- No. 4【整理解雇】整理解雇をする場合に必要な要件があるのですか 18
- No. 5【所在不明の従業員の解雇】消費者金融からの借金を理由に解雇できます

か、また、解雇前に退職したらどうしたらよいですか 22
No. 6 【周知していない就業規則に基づく解雇】周知していない就業規則の定めに基づき解雇できますか 26
No. 7 【解雇後の再雇用による労働条件の引下げ】全員解雇した後再雇用すれば、労働条件を引き下げられますか 29
No. 8 【解雇と合同労組による団交申入れ】解雇したアルバイトが加入したとする合同労組からの団交申入れにどう対応すればよいでしょうか 33
No. 9 【契約期間中の解雇】契約期間の途中で解雇しましたが、残期間の給料を負担しなければなりませんか 39
No. 10 【督励発言と雇止めの通告】督励のつもりでの発言でも雇止めの通告となるのですか 42
No. 11 【期間の定めのない労働契約の場合の辞職】退職せずに続けてもらうよう引き止めることはできませんか 46
No. 12 【契約期間中の退職】パートタイマーはいつでも退職することができるのですか 49
No. 13 【退職日の指定】退職日は従業員が指定する日で認めなければならないのですか 53
No. 14 【自己都合退職・解雇と失業給付の取扱い】退職願を提出したのか、出させられたのか 57
No. 15 【競業避止義務を課す誓約書の効力】「同業他社には就職しない」とする誓約書に拘束力はありますか 61
No. 16 【競業避止義務違反と退職金の不支給】退職して同業他社に就職した元従業員の退職金を不支給とすることには問題がありますか 66
No. 17 【退職後の秘密保持義務】退職後の企業秘密はどのように保護されていますか 69

② 従業員への損害賠償請求などに関する相談

No. 18 【従業員への損害賠償請求】従業員のミスによる損害を本人に負担させられますか 76
No. 19 【研修費用等の返還請求】営業成績が上がらないまま退職する従業員に研修経費等を請求できますか 79
No. 20 【退職後の学費返還請求】資格取得後に退職した従業員に資格取得に要した費用の返還を求められますか 82
No. 21 【委託契約における報奨金の返還】退職前に成立した契約が、退職した後に解約された場合、その契約についての報酬額全額を返還させられますか 86
No. 22 【監督責任不履行による損害賠償責任】現場代理人が、無断で、施工範囲を超えて施工したことにより発生した損害について、上司に賠償を請求することはできますか 90
No. 23 【懲戒処分と罰金】棚卸しによって商品が不足していることが判明した場合、ペナルティーを課せられますか 94

③ 安全衛生・労災などに関する相談

No. 24 【安全配慮義務と過労死】従業員の過労死防止対策として、会社は何をしなければなりませんか 100
No. 25 【重層的請負関係における元請の責任】下請の労災事故に元請としてはどのように対応すべきですか 107

No.26【メンタルヘルスケア】職場のメンタルヘルス対策はどのように進めたらよいのですか　111

No.27【復職の条件】うつ病による長期休職後の復職についてどのような点に留意すべきでしょうか　116

No.28【職場環境】職場には暖房や冷房はなくてもよいのですか　121

No.29【健康診断項目の省略】健康診断の項目は従業員の希望で省略できますか　124

No.30【パートタイマーの健康診断】パートタイマーにも健康診断をしなければなりませんか　130

No.31【健康診断の受診拒否】健康診断を指示したのに受診しない場合はどうしたらよいですか　132

No.32【労災保険と自賠責保険】労災保険から給付を受けたら自賠責保険からは支給を受けられないのですか　134

No.33【通勤災害】従業員仲間で飲酒後帰宅途中に負傷した場合、通勤災害として労災保険が適用されますか　138

No.34【労災補償請求書の虚偽記載】労災の補償請求書に虚偽を記載するとどうなりますか　143

No.35【海外勤務者への法令の適用】外国在住者に労基法の適用はありますか　146

凡　例

【法令等の略称】
　本書では、主な法令等について、以下の略称を用いています。

労基法…労働基準法　　労基則…労働基準法施行規則　　最賃法…最低賃金法
割増賃金率令…労働基準法第37条第1項の時間外及び休日の割増賃金に係る率の最低限度を定める政令
労組法…労働組合法
安衛法…労働安全衛生法　　安衛令…労働安全衛生法施行令
安衛則…労働安全衛生規則
労災保険法…労働者災害補償保険法　　労災則…労働者災害補償保険法施行規則
労働保険徴収法…労働保険の保険料の徴収等に関する法律
均等法…雇用の分野における男女の均等な機会及び待遇の確保等に関する法律
パート労働法…短時間労働者の雇用管理の改善等に関する法律
パート指針…事業主が講ずべき短時間労働者の雇用管理の改善等に関する措置等についての指針（平成19年厚生労働省告示326号）
育児・介護休業法…育児休業、介護休業等育児又は家族介護を行う労働者の福祉に関する法律
職安法…職業安定法
派遣法…労働者派遣事業の適正な運営の確保及び派遣労働者の就業条件の整備等に関する法律
派遣則…労働者派遣事業の適正な運営の確保及び派遣労働者の就業条件の整備等に関する法律施行規則

派遣元指針…派遣元事業主が講ずべき措置に関する指針（平成11年労働者告示137号）
派遣先指針…派遣先が講ずべき措置に関する指針（平成11年労働省告示138号）
高年齢者雇用安定法…高年齢者等の雇用の安定等に関する法律
労働契約承継法…会社分割に伴う労働契約の承継等に関する法律
個人情報保護法…個人情報の保護に関する法律
労基署…労働基準監督署　　ハローワーク…公共職業安定所

【主な行政通達の種類】
基発…労働省（現厚生労働省）労働基準局長から各都道府県労働基準局長（現労働局長）宛てに出された通達。
発基…労働省（現厚生労働省）事務次官から各都道府県労働基準局長（現労働局長）宛てに出された通達。
基収…各都道府県労働基準局長（現労働局長）等からの法令の解釈の疑義についての問い合わせに対して労働省（現厚生労働省）労働基準局長が回答したもの。

「使用者」・「事業主」・「事業者」
　本書では、従業員を雇用する立場の者を表す「使用者」、「事業主」、「事業者」などについて、各法令で用いられる用語に即して使い分けています。
　「使用者」…労基法、労働契約法、最賃法など
　「事業主」…労災保険法、育児・介護休業法、均等法、パート労働法など
　「事業者」…安衛法など

※労基法で用いられる「使用者」には、①事業主（個人企業では企業主個人、法人企業では法人そのもの）のほか、②事業の経営担当者（会社役員など）、③労働者に関する事項について事業主のために行為する者（人事・労務管理等の権限を与えられている者）が含まれます。労働契約法では、「使用者」という用語を用いていますが、これは①の事業主と同義です。

第1章
労働契約に関する相談

▶募集・採用時の個人情報の取扱い

> 相談票
>
> No.1
> ## 新規採用者に個人情報に関する書類の提出を求めることは
>
> 〈相談内容〉
> 　当社では採用選考に際して戸籍に関する書類の提出を求めることは問題があるとして行っていませんが、新規採用者には、一律に家族の記載のある住民票の提出を求めています。
> 　企業も従業員の一定の情報を得て労務管理を行う義務があるように思います。採用後であれば、戸籍や住民票の提出を求めることは問題ないのでしょうか。

ポイント！
　労働者を募集・採用する際に個人情報に関する書類の提出を求める場合には、社会的差別の原因となるおそれのあるもの、思想・信条に関するものなど、原則として収集してはならない個人情報があります。募集・採用に際して収集した個人情報は、その収集目的の範囲で保管・使用し、厳重かつ適正に管理する必要があります。
　また、採用決定後であっても、画一的に戸籍謄（抄）本や身上調書など不必要な書類の提出を求めることは、差別につながる可能性があるので避けるべきです。
　住民票については、それが具体的に必要とされる場合以外は、「住民票記載事項の証明書」を提出する取扱いに改めることが望ましいでしょう。

個人情報の保護

　労働者を募集・採用する場合に、戸籍謄（抄）本、住民票の写し、身上調書などの書類の提出を求める企業がみられます。しかし、これらは応募者・採用内定者の個人情報に関するものですから、個人のプライバシーに触れるものであったり、提出されたこれらの書類から得られた情報が差別的な選考・処遇につながる可能性もあります。

　個人情報の取扱い一般については、「個人情報の保護に関する法律」（以下「個人情報保護法」といいます。）が定められています。同法3条は、「個人情報は、個人の人格尊重の理念の下に慎重に取り扱われるべきものであることにかんがみ、その適正な取扱いが図られなければならない」と基本理念を謳（うた）っていますが、これは、憲法で保障された基本的人権の尊重（13条）から導き出される個人のプライバシーの権利や人格権の保護に通じるものといえます。そして、同法は、「個人情報」を「生存する個人に関する情報であって、当該情報に含まれる氏名、生年月日その他の記述等により特定の個人を識別することができるもの（他の情報と容易に照合することができ、それにより特定の個人を識別することができることとなるものを含む。）」と定義付けており、広くその保護対象としています。

募集・選考の際の個人情報の取扱い

　労働者を募集・選考する段階において、求職者等の個人情報の取扱いについては、職業安定法（以下「職安法」といいます。）に「公共職業安定所等は、それぞれ、その業務に関し、求職者、募集に応じて労働者になろうとする者又は供給される労働者の個人情報を収集し、保管し、又は使用するに当たっては、その業務の目的の達成に必要な範囲内で求職者等の個人情報を収集し、並びに当該収集の目的の範囲内でこれを保管し、及び使用しなければならない。ただし本人の同意がある場合その他正当な事由がある場合は、この限りではない。」（5

条の4・1項）と明記されています。

　そして、この規定を受けて、「指針」※では、個人情報の収集・保管・使用、適正管理の留意事項が具体的に定められています。

　同指針によれば、下枠の3つの事項に関する個人情報は、原則として収集してはならないものとされ、例外が認められるのは、業務の目的達成のために必要不可欠な情報であって、収集目的を示して本人から収集する場合に限られています。

　したがって、ご相談でおっしゃっているとおり、募集段階で戸籍に関する書類（戸籍謄（抄）本）の提出を求めることは、特別な職業上の必要があり、収集目的を説明した上で本人から収集する場合でなければ、認められないということになります。

　また、個人情報を収集する場合には、本人から直接収集する、あるいは本人の同意を得て本人以外から収集するなど適法かつ公正な手段によらなければなりませんし、収集した個人情報は、その収集目的の範囲内で保管・使用しなければなりません。

---

①人種・民族・社会的身分・門地・本籍・出生地その他社会的差別の原因となるおそれのある事項
　例：本籍地・出身地　　家族状況（学歴・職業・収入等）
　　　生活環境・家庭環境　　住宅状況
　　　本人の資産（借入状況）　　容姿・スリーサイズ

②思想・信条
　例：思想　　宗教　　人生観　　生活信条　　支持政党
　　　購読新聞・雑誌　　愛読書　　尊敬する人物　　等

③労働組合への加入状況
　例：社会活動に関する情報（労働運動・学生運動・消費者運動等）

※「職業紹介事業者、労働者の募集を行う者、募集受託者、労働者供給事業者等が均等待遇、労働条件等の明示、求職者等の個人情報の取扱い、職業紹介事業者の責務、募集内容の的確な表示等に関して適切に対処するための指針」（平11.11.17労働省告示141号）

採用決定後の関係書類の取扱い

　採用決定（内定）後の関係書類の取扱いについては、東京都産業労働局で作成・配布しているリーフレット『採用と人権』※※に守るべき事項や留意事項などが記載されていますので、以下にその内容をまとめておきます。

(1) 採用決定後の書類提出
　採用決定後であっても、画一的に不必要な書類の提出を求めないようにする必要があります。特に、画一的に戸籍謄本や身上調書の提出を求めることは、労働者の職業能力とは関係のない個人情報を収集することであり、差別につながる可能性があります。

(2) 個人情報の適正管理
　募集・採用段階で収集した個人情報については、目的外には使用しないこと、紛失・破壊・改ざん・不正アクセスの防止など厳重な管理を行うこと、保管する必要がなくなった情報は破棄することなどが必要です。

(3) 法令に基づく関係書類の記載上の留意点
　例えば、労働基準法（以下「労基法」といいます。）で作成が義務付けられている労働者名簿の記載や、労働安全衛生法（以下「安衛法」といいます。）上の各種免許証、技能講習修了証等の記載には、個人情報を含むものがありますが、これら法令に基づく関係書類を記載する際や提出を求める際には、以下の点に注意が必要です。

※※『採用と人権』（東京都産業労働局）
　　http://www.hataraku.metro.tokyo.jp/equal/siryo/saiyou-jinken/index.html

①労働者名簿（労基法107条）
　記載事項：氏名・生年月日・履歴・性別・住所・従事する業務の種類・雇入れの年月日・退職の年月日とその事由（退職の事由が解雇の場合はその理由を含む。）・死亡の年月日とその原因
※「本籍地」は記載事項でないことに注意。

②年少者の年齢証明書（労基法57条）
　住民基本台帳法7条1号（氏名）と2号（出生年月日）の事項が証明されていればよいので、「住民票記載事項の証明書」を備えれば足りる。

③就業規則等の規定
　採用時に戸籍謄（抄）本、住民票の写し等の提出を求める旨の規定を置いているケースがあるが、住所・氏名・年齢の確認には「住民票記載事項の証明書」で足りるので見直しが必要。

④家族状況の記載が必要な場合
　扶養親族の認定を行う場合などで、事実の確認を要するときは、必要になった時点で、その具体的な必要性に応じて提出書類を検討するとともに、その使用目的を本人に十分説明の上提示を求め、確認後は速やかに返却するなどの措置をとる。

⑤安衛法上の健康管理手帳交付申請書、各種免許証、各種技能講習修了証等
　「本籍地」記載欄は、都道府県名の記載のみで足りる。

▶研修の参加強制

No. 2　　　　　　　　　　　相談票

入社前の研修を強制することはできますか

〈相談内容〉

　この４月から入社予定の新規学卒者について、入社に先立ち、３月中旬に１週間程度の新人研修を予定しており、２月中に対象者にその旨通知しました。

　ところが、入社予定者の１人が、ちょうど研修期間が友人との卒業旅行の予定期間と重なり、すでに申込金の支払いも済んでいるので、研修には参加できないと申し出てきました。

　当社としては、入社前に社会人としての基本的なマナーを身に付け、社内の業務の概要を把握してもらうために必須の研修と考えていますが、入社前に研修への参加を強制することはできるのでしょうか。

　また、研修への参加を拒む者については、入社を取り消すことは可能でしょうか。

　企業が学生に採用内定を通知し、就職希望の学生が入社誓約書等を提出した場合は、一般に、企業所定の入社日を始期とする解約権留保付労働契約が成立していると考えられます。特別の合意がなければ、入社日前の研修の参加を強制することはできません。

　また、任意参加の入社日前研修に参加しない内定者に対し、入社後の業務遂行や評価について不利益な取扱いをすることはできませんし、研修の不参加を理由に採用内定を取り消すことは合理性が乏しいと考えられます。

労働契約の始期

　正式な入社前の研修の性格を考えるにあたって、採用内定段階において労働契約が成立しているか否かが問題となります。

　採用内定から入社までのプロセスは、各企業の実態もさまざまですから、基本的には個別に評価することになります。しかし、採用内定の法的性質について示されている最高裁判例（「大日本印刷事件」昭54.7.20最高裁第二小法廷判決）や解釈例規などからは、一般的には、遅くとも企業が採用内定通知を発し、学生から入社誓約書またはこれに類するものを受領した時点で、就労の始まりの時期は卒業直後の当該企業の例年の入社時期（通常4月1日）とするが、一定の事由に当てはまった場合（卒業できなかった場合など）には解約することができるという権利を留保した労働契約（始期付解約権留保付労働契約）が成立すると考えられます（1巻Part 2のNo.3参照）。

入社日前研修の参加強制の可否

　採用内定の段階で「始期付」解約権留保付労働契約が成立しているとすれば、所定入社日（就労の始期）より前に実施される研修は、内定者に具体的な就労義務があるわけではないため、特別な合意がなければ、内定者に対して参加を強制できないということになります。

　したがって、研修の通知には、業務命令に基づく強制力はなく、内定者は承諾する場合のみ応ずればよいものと考えられます。

　裁判例でも、内定者に対し研修参加・レポートの提出を義務付けた事案で、「使用者が、内定者に対して、本来は入社後に業務として行われるべき入社日前の研修等を業務命令として命ずる根拠はないというべきであり、効力始期付の内定における入社日前の研修等は、飽くまで使用者からの要請に対する内定者の任意の同意に基づいて実施されるものといわざるを得ない。」（「宣伝会議事件」平17.1.28東京地裁判決）としたものがあります。

研修不参加による不利益

以上のように、入社日前の研修が任意参加のものであれば、不参加者について不利益な取扱いをすることはできません。この点は、前掲宣伝会議事件判決も、「使用者は、内定者の生活の本拠が、学生生活等労働関係以外の場所に存している以上、これを尊重し、本来入社以後に行われるべき研修等によって学業等を阻害してはならないというべきであり、入社日前の研修等について同意しなかった内定者に対して、内定取消しはもちろん、不利益な取扱いをすることは許されず、また、一旦参加に同意した内定者が、学業への支障などといった合理的な理由に基づき、入社日前の研修等への参加を取りやめる旨申し出たときは、これを免除すべき信義則上の義務を負っていると解するのが相当である。」と判示しています。

ご相談のように、入社日前研修は通常、新規採用者が、入社後スムーズに仕事に入れるように、事前に業務に関する知識や技能を修得させる目的を持つものです。しかし、参加を強制できない以上、例えば、同期入社の従業員に比べて知識・技能の面でハンディキャップとなり、そのことで、入社後の業務評価に影響が出たり、あるいは研修に参加しなかったこと自体を、業務不熱心、意欲の欠如と評価するなど、不参加者にとって不利益となるような運用は避けるべきでしょう。

入社日前の研修を強制参加とする場合

本来参加を義務付けられない入社日前の研修を強制参加とするには、内定者と会社との特別な合意がなければ難しいでしょう。例えば、内定通知の際に、入社までの間に実施する研修に参加する義務があること、不参加の場合の取扱いも含めて合意する必要があります。

また、その場合には、研修日時、場所、研修参加に対応する賃金相当分の手当、交通費等の支給についても併せて明確にしておいたほうがよいでしょう。

採用内定の取消しの可否

　研修に参加しないことをもって、内定者に入社の意思がないとみなしたり、採用内定を取り消すケースもみられます。

　採用内定の取消しは、解約権を留保したものであっても、一旦成立した労働契約を解約することですから、無条件に解約できるわけではありません。「採用内定の取消事由は、採用内定当時知ることができず、また知ることが期待できないような事実であって、これを理由として採用内定を取消すことが解約権留保の趣旨、目的に照らして客観的に合理的と認められ社会通念上相当として是認することができるものに限られる」（前掲大日本印刷事件判決）とされています。

　もっとも、採用内定の取消しは、就労が開始される前の段階ですから、通常の解雇よりは広い範囲で解約権を行使することが認められますが、いずれにしても、客観的な合理性、社会的相当性がなければ有効とは認められません。

　ご相談の場合について考えますと、入社日前の研修が任意参加の場合は、業務命令による強制力がないため、不参加を理由に採用内定を取り消すことには合理性が見出し難いでしょう。また、仮に特別な合意があって参加が強制されている場合であって、不参加のときでも、結局のところ、個別具体的な事情を踏まえた上で、採用内定取消しの合理性が判断されることになります。

▶採用選考の際の差別禁止

> 【相談票】
> No.3 **採用面接で結婚後の継続勤務について聞いてもよいですか**
>
> 〈相談内容〉
> 女性の人材を長く活用したいので、できたら、結婚しても勤務を続ける方を採用したいと思っています。
> 採用面接あるいは面接前のアンケートで、女性に結婚しても継続して勤めるかどうかを聞くことは問題がありますか。

採用面接等に際して、女性についてのみ、結婚後の継続勤務について聞くことは、真意はどうであれ、採用における性差別とみなされる可能性があります。その意味では、そのような質問は避けたほうがよいでしょう。

基本的人権の理念

憲法13条は、生命、自由及び幸福追求に対する国民の権利（基本的人権）の尊重を謳い、14条は、「すべて国民は法の下に平等であって、人種、信条、性別、社会的身分又は門地により、政治的、経済的又は社会的関係において、差別されない」との基本理念を定めています。

また、働くということについては、22条において、すべての人に職業選択の自由を保障しています。職業選択の自由とは、誰でも自由に自分の適性や能力に応じて職業を選択できるという権利です。そして25条では、健康的で文化的な最低限度の生活を営む権利（生存権）を定めています。

これらの憲法の基本理念に基づき、職場の基本法である労基法は、1条で「労働条件は、労働者が人たるに値する生活を営むための必要を充たすべきものでなければならない。」と定め、3条で「使用者は、労働者の国籍、信条又は社会的身分を理由として、賃金、労働時間その他の労働条件について、差別的取扱をしてはならない。」（均等待遇）と定めています。

公正な選考採用の観点

　このような基本的人権の尊重の基本理念から、企業にも、就職を希望するすべての人に、平等・均等に機会を提供し、労働者の採用選考にあたっては、応募者の持つ適性・能力が求人職種の職務を遂行できるかどうかだけを基準として公正な採用選考を行うことが求められます。

　ご相談の場合、結婚しても勤務を続けるという理由、あるいは、逆に結婚したら退職するという理由で応募者を採用した場合に、公正な採用、つまり本人の適性・能力による採用といえるかどうかの問題となると思われます。

　ただ、結婚しても仕事を続けるかどうかは、本人の仕事に対する意欲・熱意の現れとも考えられ、適性・能力に類するものとして、自分ではどうにもならない家柄や家族状況とは別異に考えてもよいように思われます。

　また、女性の人材活用を目的としたものということですが、女性の応募者を対象に結婚後の就業の継続について面接等で質問することが、性差別に当たるか否かも問題となります。

募集・採用における性差別の禁止

　雇用の分野における男女の均等な機会及び待遇の確保等に関する法律（以下「均等法」といいます。）では、性別を理由とする差別的な取扱いが禁止され、募集採用について、「事業主は、労働者の募集及

び採用について、その性別にかかわりなく均等な機会を与えなければならない。」(5条)とされています。

会社が行う募集・採用における禁止事項とその具体的事例は、次のとおりです。

①募集・採用の対象から男女のいずれかを排除すること
　具体的事例：男女のいずれかを表す職種の名称を用いたり、「男性歓迎」、「女性向きの職種」等の表示をすること。

②募集・採用の条件を男女で異なるものとすること
　具体的事例：女性についてのみ、未婚、子供なし、自宅通勤等の条件を満たす者を優先すること。

③能力・資質の有無等を判断して採用選考する場合に、その判断方法や判断基準を男女で異なる取扱いとすること
　具体的事例：合格基準が男女で異なる試験を実施すること。

④男女のいずれかを優先して募集・採用すること
　具体的事例：男女別の採用予定人数を設定（明示）して募集・採用すること。

⑤募集・採用に係る情報の提供について、男女で異なる扱いをすること
　具体的事例：内容や送付時期を男女で差を付けて会社概要等の資料を送付すること。

「労働者に対する性別を理由とする差別の禁止等に関する規定に定める事項に関し、事業主が適切に対処するための指針」（平18.10.11厚生労働省告示614号）

募集・採用における間接差別の禁止

また、均等法では、一見男女平等の取扱いをしていて性差別がないように見える制度や運用であっても、それが実質的に男性あるいは女性を差別するおそれがある措置については、「間接差別」として、禁止しています。

均等法で規定する間接差別とは、①性別以外の事由を要件とする措

置であって、②他の性の構成員と比較して、一方の性の構成員に相当程度の不利益を与える措置で、③合理的な理由のない措置をいいます（均等法7条）。

募集・採用に関しての間接差別の禁止事項とその例は、次のとおりです。

> ①募集・採用にあたって、労働者の身長、体重または体力を要件とすること
> 　具体的事例：身長、体重、体力要件を満たしている者のみを対象とし、その合理性がない募集・採用
> 　＊荷物を運搬する職務でも、機械の導入等で通常の作業に筋力を必要としないのに一定以上の筋力を要件とするような措置は合理的な理由がないとされます。
> ②募集・採用（総合職）にあたって転居を伴う転勤ができる者のみを対象とすること
> 　具体的事例：転居を伴う転勤に応ずる者のみを対象にしながら、そのことに合理性のない総合職の募集・採用
> 　＊広域で展開する支店・支社等がなく、支店・支社を出す計画もない場合に、転居を伴う転勤を募集・採用の要件とするような措置は、合理性がないとされます。

性差別あるいは間接差別に該当するか否か

結婚後退社することを採用の条件とすることは、かつて女性に対してのみ行われましたが、性差別として均等法5条に抵触します。

逆に結婚後退社しないことを採用の条件とすることは、男女に平等の条件を付すことになるため、「退職の自由」の問題はあるものの、性差別には該当しないものと思われます。

ただ、女性が自らの希望・選択として結婚あるいは出産を機に退社する場合も少なくなく、それをしないことを採用の条件にすることは、男性にだけ有利に作用するという意味で間接差別と解される可能

性もないとはいえません。

　ご相談の場合は、面接あるいは事前アンケートで結婚後継続して勤務するかどうかを質問するということですが、質問者あるいは採用する会社の意図が、結婚後退社する応募者を採用したいのか、継続して勤務する応募者を採用したいのか応募者には分からないため、その真意はどうであれ、女性についてのみ、結婚までの短期的な戦力として採用したいとの意図と受け取られ、採用における性差別とみなされる可能性があります。そのような質問は避けて、違った方面から本人の仕事に対する意欲や熱意を探る質問を考えたほうがよいでしょう。

▶身元保証人の責任

相談票

No. 4

従業員のミスによる損害賠償を身元保証人に請求できますか

〈相談内容〉

　当社では、従来から、採用内定者に誓約書のほかに身元保証人が署名押印した身元保証書を提出してもらうことにしています。

　これまで例はありませんが、従業員に非があって会社に損害を与えた場合、入社時に提出してもらった身元保証書に基づき、身元保証人に対してその賠償を請求することができるでしょうか。

ポイント！　身元保証書は、企業の中には今までの慣行として、その必要性について吟味することなく提出を求め続けている場合もあれば、多額の金銭、高額の金融商品や高度の機密情報を扱うといった仕事の性質上、必要性があって求めている場合もあります。後者の場合は連帯保証人的色彩が強くなります。

　いずれにしても、身元保証は、かつてのように身元保証人の責任が過重なものとなることのないように法律で規制されていますので、上記後者の事情があるかどうかを考慮した上で、身元保証の制度をよく説明して身元保証人となってもらい、賠償を請求し得る事案が発生すれば、賠償してもらうことができます。

身元保証人と連帯保証人

　身元保証人と連帯保証人は、一般に混同して用いられがちですが、

連帯保証人は、例えば、借金などの金銭債務を複数の人が連帯して返済する場合（Ａさんが借りた借金を返済できない場合には、連帯保証人であるＢさん、ＣさんのうちＢさんが返済すれば、Ａさん、Ｃさんは返済しないで済むことになるが、ＢさんはＡさん、Ｃさんに求償できる場合など）に用いられる用語です。

一方、身元保証人とは、その人の一身上の事情や資力などに関して請け合うことを指し、特に、雇用される者が将来雇い主に与えるかもしれない損害—例えば、仕事上のミス、不正経理、社内外のトラブルによるもの—を賠償する立場に立つことをいい、労働関係で用いられるのはこの身元保証人のことです。

なお、労働契約は労働者本人と使用者との契約になりますが、身元保証契約は、身元保証人と使用者との契約ということになります。

「身元保証ニ関スル法律」によって身元保証人は守られている

身元保証書の内容は、単に、「しっかりとした人物であることを保証する」というものから、「今般、○○が貴社に社員として採用されるにつきましては、私は○○本人の身元を保証し、万一故意又は過失により○○本人が貴社に損害をおかけ致しましたときは、○○本人と連帯してその損害を賠償することを保証いたします。」、「与えた損害を連帯して保証します」というものなど、それぞれの企業によって様々な定めをしたものがあります。このため、昔は身元保証人の保証内容が不当に過重になることがありました。

そこで、身元保証人の責任が過重にならないように、昭和８年に「身元保証ニ関スル法律」が制定されています。

身元保証書にサインしてもらうときには、「身元保証ニ関スル法律」の以下のような内容について十分に理解してもらっておくことが必要です。

身元保証期間は最長5年

　身元保証契約の有効期間は、特に定めなかった場合には、3年（商工業の見習い者の場合は5年）となります（同法1条）。
　身元保証期間を定める場合は、最長5年の期間を定めることができますし、これを更新することもできます（同法2条）。
　なお、自動更新の定めをしても、当然に更新されるものではなく、期間満了の時点で保証人に通知して更新するか否かを判断する機会を与え、拒絶の意思がない場合にはじめて、更新の効果が生ずると解釈されています。

身元保証人に知らせなければならないことがある

　使用者は、従業員が仕事に向いていないことが分かった場合や、従業員の言動等によって身元保証人の何らかの責任を負わせかねないことを知ったとき、あるいは仕事の内容が変わったために身元保証人の負うべき責任が重くなったとき、勤務場所が変わったことにより、身元保証人が監督することが困難になったときなどには、その旨を身元保証人に通知しなければならないこととされています（同法3条）。
　一方、この通知を受けた身元保証人は、将来に向かって身元保証契約を解除することができます（同法4条）。
　また、身元保証契約の合意範囲は、原則として当該使用者の指揮命令下での労務提供に限られているので、特段の事情がない限り出向先での行為には及ばないとした裁判例があります（「坂入産業事件」昭58.4.26浦和地裁判決）。

身元保証人の責任の範囲

　実際に従業員の不始末によって、身元保証人がその損害を賠償することになった場合でも、裁判所は、その賠償の範囲と金額を決める際

に、①従業員を監督すべき使用者に落ち度はなかったか、②身元保証人が身元保証をするに至った理由、③身元を保証する際にその内容をどの程度認識していたか、④従業員の仕事の内容や地位、⑤従業員の身上の変化などの事情を総合勘案して、損害賠償責任を決定することとされています（同法５条）。

このため、過去の裁判例の多くで、従業員本人が負担すべき賠償金額に比べ、身元保証人が負担すべき金額は減額されています（「丸山宝飾事件」平６．９．７東京地裁判決、前掲「坂入産業事件」、「富隆運送事件」昭59．2．24名古屋地裁判決）。

なお、身元保証人の権利を保護するため、この法律の規定に反する内容の定めはすべて無効とされます（同法６条）。

身元保証書の提出が採用条件になる場合

「身元保証書」の提出は、労働者に法的に義務付けられたものではありませんので、入社する側としては提出しないこともできます。

しかし、企業側にも採用の自由があります。したがって、「身元保証書」を提出しないことを理由として採用を拒否することもできます。裁判例でも、身元保証書の提出を採用条件としているのに、これを提出しなかった従業員を解雇した事案で、提出しなかったことに従業員としての適格性に重大な疑義を抱かせる背信行為と判断して適法と判断したものもあります（「シティズ事件」平11.12.16東京地裁判決）。

すなわち、身元保証書の提出を採用条件とすることがすべて違法ではないというわけではありませんが、その会社の業態や取り扱っている商品によって、身元保証書の提出の要否が判断されることとなるといえます。

▶退職金制度の廃止と労働条件の不利益変更

> 相談票
>
> No.5
> ## 退職金制度を一方的に廃止することはできますか
>
> 〈相談内容〉
>
> 　会社の経営状態が苦しく、従来あった退職金制度を廃止したいと考えています。これまで数回にわたり、当社の財務状況も踏まえて従業員にその旨説明しましたが、「退職時には退職金が支払われるものとしてこれまで働いてきたのに、一方的に廃止されては困る」と従業員からの理解は得られませんでした。
>
> 　就業規則あるいは退職金規程は、会社が作成・変更するものだと思うのですが、従業員からの同意が得られなくても、規則・規程を変更して退職金制度を廃止することはできないのでしょうか。

　退職金は就業規則等（退職金規程を含みます。）により支給条件が明確に定められていれば賃金であり、支払わなければ賃金不払いとなります。

　従業員に不利益をもたらす退職金規程の一方的な廃止は認められず、その不利益変更には合理的な理由が必要で、かつ、改正後の就業規則を労働者に周知する必要があります。これらが認められない場合には、規程の廃止は効力がなく、規程による退職金を支払わなければなりません。

退職金についての基本的な考え方

　退職金の支給、または、退職金制度を定めるか否かは法律上義務付

けられているものではありませんが、多くの企業で、退職金制度が設けられ、退職時に退職金の支給が行われている実態にあります。

　退職金は、退職する時点で金額が確定するもので、退職時にならないと具体的な請求権が発生しないという特殊性があります。このような退職金の法的性格については、いくつか考え方がありますが、一般的には、①長年の勤続に対する報償としての性格、②賃金の後払い的な性格、③退職後の生活保障的な性格などを併せ持ったものと考えられています。

　そして、「労働協約、就業規則、労働契約等によって予め支給条件が明確である場合の退職手当は（労基）法第11条の賃金であり、（労基）法第24条第2項の『臨時の賃金等』に当たる。」（昭22.9.13発基17号）とされており、就業規則等で支給条件が明確にされている場合には、退職金を支払わないことは賃金不払いとなります（同旨：「電電公社小倉電話局事件」昭43.3.12最高裁第三小法廷判決）。

● 就業規則・退職金規程との関係

　退職金制度を設ける場合には、①適用される労働者の範囲、②退職手当の決定、計算及び支払いの方法、③退職手当の支払いの時期について就業規則や退職金規程に規定しなければなりません（労基法89条3号の2）。

　ここで、「退職手当の決定、計算及び支払いの方法」とは、例えば、勤続年数、退職事由等の退職手当額の決定のための要素、退職手当額の算定方法及び一時金で支払うのか年金で支払うのか等の支払いの方法をいいます。また、退職手当について不支給事由または減額事由を設ける場合には、これは退職手当の決定及び計算の方法に関する事項に該当するので、就業規則に記載する必要があります（昭63.1.1基発1号、平11.3.31基発168号）。

退職金規程の不利益変更

ご相談のように、退職金規程に基づく退職金制度があり、これを廃止することは、退職金が賃金の後払い的な性格や退職後の生活保障的な性格を持っていることから考えても、従業員にとって労働条件が不利益に変更されることになります。

労働契約の内容である労働条件を不利益に変更する場合にはまず、労働契約の当事者である個々の従業員との合意がなければ認められないのが原則です（労働契約法8条）。

ご相談の場合は、退職金規程の廃止について従業員に説明したが合意が得られなかったということですが、個別の合意が得られない場合には、就業規則（退職金規程）の変更によって集団的に労働条件を変更する手続きによることとなります。

この点、労基法上、就業規則の変更には、従業員の代表（事業場の労働者の過半数で組織される労働組合（過半数労働組合）、これがなければ労働者の過半数を代表する者（過半数代表者））の意見聴取が要件とされるものの、従業員の代表との合意を取り付けることまで要求されてはいませんので、就業規則の変更権限は使用者にあります（90条）。しかし、就業規則の変更によって労働条件を不利益に変更することは、無条件に使用者の都合でできるわけではなく、従業員との合意なしに一方的に不利益変更はできません（労働契約法9条）。ただし、実務的には経済情勢の変化等によっては就業規則の内容を労働者に不利益に変更しなければならないことも考えられます。そこで労働契約法は、次に説明するように、9条の合意原則の例外措置を定め、変更に合理性があり、かつ従業員に周知させていることを要件として、就業規則の変更による労働条件の不利益変更を認めています（10条本文）。

退職金規程の不利益変更の合理性

　就業規則の変更による労働条件の不利益変更の合理性は、①労働者の受ける不利益の程度、②労働条件の変更の必要性、③変更後の就業規則の内容の相当性、④労働組合等との交渉の状況、⑤その他の就業規則の変更に係る事情を総合的に考慮して判断されます（労働契約法10条本文）。

　退職金は、月例賃金同様、重要な労働条件ですから、その不利益変更の合理性は厳格に判断されます。この点について最高裁も、「賃金、退職金など労働者にとって重要な権利、労働条件に関し実質的な不利益を及ぼす就業規則の作成又は変更については、当該条項が、そのような不利益を労働者に法的に受忍させることを許容できるだけの高度の必要性に基づいた合理的な内容のものである場合において、その効力を生ずる」（「大曲市農協事件」昭63.2.16最高裁第三小法廷判決）と判示しています。

　同判決は、７つの農協の合併に伴い給与・退職金規程を調整したところ、合併前に比べて一部の職員に不利益となった事案について、退職金の格差是正のための調整が人事管理上不可欠であること、退職金の支給倍率は低減されているものの、退職金算定の基礎となる給与が増額されておりさほどの不利益はないこと、休日・休暇等の他の労働条件が改善されていることなどを考慮した上で、その不利益は法的規範性を是認できるだけの合理性を有するものとして本件給与・退職金規程の変更を有効と判断しました。

　一方、関連会社への出向にあたり、出向先との労働条件のバランスをとるために退職金規程を改訂した事案で、退職金の減額幅が３分の１ないし２分の１と大幅であったこと、新規程の適用にあたって猶予期間を設けるなどの緩和措置が何らとられていなかったことなどから、退職金規程の変更の合理性を否定したものがあります（「アスカ事件」平12.12.18東京地裁判決）。

　このように、退職金規程の不利益変更に関する裁判例の傾向をみる

と、従業員が被る不利益の程度（退職金の減額幅、率等）、不利益の代償措置、経過措置等が講じられているか否かといった点も重視されているといえます。

設問事例の不利益変更の合理性

ご相談のケースをみますと、従来の就業規則（退職金規程）を変更して、退職金制度を廃止するということですが、賃金後払い・生活保障的な性格を持つ退職金を、一定の減額ではなく廃止するわけですから、従業員にとっては相当大きな不利益となります。また、ご相談では必ずしも明らかではありませんが、その不利益を緩和する代償措置（基本給・手当等の見直し等）や経過措置などが講じられていないとすれば、退職金規程の変更に合理性は見出し難いと思われます。

▶経営者の変更に伴う労働条件の不利益変更

> **相談票**
>
> No. **6**
> ## 経営者が変更した場合でも、従前の労働条件によらなければならないのですか
>
> 〈相談内容〉
>
> 　もともと病院内にあった薬局の前経営者に代わって独立した調剤薬局として経営することになりました。従業員数は、これまでより１名少なく、私の妻を含め４名です。
>
> 　以前の薬局でも、就業規則などの明確に労働条件が規定化されたものはありませんでしたが、勤務時間は、月、火、土が７時間30分、水、金が９時間30分、木曜日が２時間30分で週44時間、休日は日曜、祝・祭日の他に月２日の公休（都合のいいときに休むことができたものです。）がありました。
>
> 　現在の薬局になったときに、従前からの従業員に対して、労働条件については基本的には従来どおり引き継ぐと言いました。しかし、以前より少ない人員で回していくため、従来は従業員が都合のいい日に休むことができた月２日の公休は、各自の年次有給休暇を充てる取扱いに変更したいと考えています。このような変更は認められるでしょうか。

ポイント！　前の経営者から同じ労働条件を引き継いでいますが、経営者が変わった時点で、新しい経営者と従業員との間で従来と同じ労働条件による新たな労働契約が締結されたものと考えられます。

　新たな事業所の業種・規模は、10人未満の商業ですので、週40時間の原則の特例措置対象事業場に該当し、公休を設定しなくても法定労働時間である週44時間は超えないかもしれませんが、一方的に公

休という労働義務のない休日日数を実質的に減少させることは、労働条件の不利益変更となり、従業員の合意なく経営者が労働条件を一方的に変更することは認められません。

また、公休が維持されたとすると、そもそもその日は労働を免除された休日となりますので、労働義務のある日に年次有給休暇（以下「年休」といいます。）を取るという考え方とは相容れません。

経営者変更の場合の労働条件の承継

経営者が変更して新たな経営者が従来の労働条件を引き継ぐということですが、法律的には、営業譲渡（会社の場合は事業譲渡）が行われ、その時点で、新しい経営者が労働契約関係を承継し、従業員もそれに同意したものと考えられます。つまり、その時点で、新しい経営者と従業員との間で従来と同じ労働条件による新たな労働契約が締結されたものとなります。

したがって、新しく雇用主となった者（本設問では相談者）は、単に口頭で同じ労働条件を引き継ぐ旨を告げるのではなく、改めてこの時点で、休日も含めて労働条件を明示すべきであり、書面による労働条件の明示を行わなければなりません（労基法15条）。ご相談の薬局は従業員数が10人未満ですので、就業規則作成と周知の義務はありませんが、同条により、「労働条件通知書」は交付しなければなりません。

労働時間の規制

労基法に定める法定労働時間は、1週40時間、1日8時間です（同法32条）。ただし特例として、従業員が10名未満の①商業、②映画・演劇業（映画製作の事業は除きます。）、③保健衛生業、④接客娯楽業については、1週44時間、1日8時間まで労働させることができま

す（同法40条、労基則25条の2。これら①～④の業種の事業場を「特例措置対象事業場」といいます。）。

ご相談の場合は、水、金の労働時間が9時間30分ですので、1日の法定労働時間を超えてしまいます。このような場合は通常、法違反とならないように、あらかじめ変形労働時間制をとることになります。

ところで、変形労働時間制とは、週の法定労働時間が40時間の場合、週平均の所定労働時間数が40時間を超えないように各日の労働時間数を設定すれば、特定の週あるいは特定の日に法定労働時間を超えても法違反とならない労働時間制度です。労基法では、1カ月単位の変形労働時間制（32条の2）、1年単位の変形労働時間制（32条の4、32条の4の2）、1週間単位の非定型的変形労働時間制（32条の5）の3種類について、一定要件の下で認められています。

例えば、1カ月単位の変形労働時間制を採用する場合には、変形期間（1カ月以内）と起算日、変形期間中の各日・各週の労働時間、各労働日の始業・終業時刻などの所定事項を、就業規則その他これに準ずるものまたは労使協定（過半数労働組合、これがないときは過半数代表者）で定めなければなりません。労使協定による場合は、所轄の労働基準監督署（以下「所轄労基署」といいます。）へ協定を届け出る必要があります。

そこで、ご相談の場合は、新たに独立した薬局は従業員数10人未満の商業に当たりますので、原則的な週40時間の法定労働時間の特例措置対象事業場となり、1カ月単位の変形労働時間制をとる場合には、週平均の所定労働時間が44時間以内におさまればよいことになります。

休日の削減と労働条件の不利益変更

ご相談によると、毎日曜、すなわち週1回の法定休日は確保されています（労基法35条）ので、法違反の問題はありませんが、これまでいわゆる公休としてきた月2日の休日を年休で充てる取扱いは、実

質的には休日日数を削減することとなり、従業員にとっては労働条件の不利益変更となります。

　労働条件を従業員の不利益に変更する場合は、原則として従業員との合意がなければならず、使用者が一方的に不利益変更することは認められません（労働契約法8条、9条）。

　ところで、労働契約法は、①就業規則の変更に合理性があること、②変更が労働者に周知されることという要件の下で、例外として、就業規則の変更によって個々の労働条件を変更することを認めています。その際、労働者の受ける不利益の程度、変更の必要性、変更後の就業規則の内容の相当性、労働組合等との交渉の状況等の要素を総合的に考慮してその合理性が判断されます（10条本文）。

　中でも、労働時間や休日は賃金と並んで重要な労働条件の1つですから、裁判実務上、賃金について、就業規則の変更によって不利益に変更する場合は、「高度な必要性」に基づいた合理性がなければ認められないとされている（「大曲市農協事件」昭63.2.16最高裁第三小法廷判決）ことから考えても、その合理性は、賃金の場合に準じて厳格に判断されるものと考えられます。

　休日日数の削減になるような不利益変更については、削減される日数、年間総労働時間の増加時間数、時間外手当の単価減少など労働者にとっての不利益の程度、休日日数を削減する経営上の必要性、休日削減による賃金上の不利益を軽減するなどの代償措置の有無、労働組合等との交渉の状況といった点が合理性判断の重要な要素となるでしょう。

　ご相談のケースでは、従業員数が10人未満で就業規則の作成義務がなく、就業規則は作成されていないようです。仮に、これから新たに就業規則を作成して、これまで公休とされていた月2日の休日を年休で充てるとする規定を設ける場合は、従前の個別の労働契約を就業規則によって不利益に変更することになります。この場合は、就業規則の不利益変更の問題として、前記に述べた労働契約法10条のとおり、変更の合理性と、変更後の就業規則を従業員に周知することが必

要となります。

　ご相談の場合は、月2日の休日を年休で充てることにしますと、年間で月2日×12カ月＝24日の年休を充てることになりますが、法定の年休付与日数の上限は年間20日ですし、勤続年数が6年半未満の場合は、年休の日数はより少なくなります。そうしますと、従前よりも休める日数は少なくなりますし、本来年休は従業員の好きな時季に付与するものであることを考えますと、変更の合理性は疑わしいように思えます。

所定休日と年休

　公休が、従来どおり権利として認められるとすると、その日に年休を取得することは、制度的に無理があります。
　年休は、労働義務のある日に休暇を取得する制度ですから、労働義務がない所定休日に年休を取得する、あるいは付与するという考え方はあり得ないのです。

▶会社分割と労働契約の承継

相談票

No.7
会社分割に伴い従前の労働契約はどうなりますか

〈相談内容〉

このたび、事業全体の再構築を図るための合理化として、事業部門など2部門が、今の会社から分離・分割されて分社化されることとなりました。

分社化に伴い、2部門に所属する従業員との労働契約は、分社後にも引き継がれることになるのでしょうか。また、分社化にあたり、これらの従業員との関係で、必要な手続きや留意すべき点について教えてください。

ポイント！

法律的には、分割の対象となる会社（以下「分割会社」といいます。）と労働契約を結んでいる従業員の扱いについては、分割会社側と分社化される側（以下「承継会社等」といいます。）との間の分割契約によって決まります。

すなわち、分割契約の中に、承継会社等に承継される部門の事業に主として従事する従業員の労働契約が承継される旨の定めがあるものについては、その旨の書面による通知が必要で、その労働契約は、分割契約の効力が発生した日に分割会社から承継会社等に承継されることとなります。

また、通知でその対象となっていないという場合には、分割会社側は一定の期間を設け異議申出できる旨をその従業員に通知しなければならないこととされ、この異議の申出があればその労働契約は承継会社等に承継されることとなります。

会社分割に伴う労働契約の承継

　近年のわが国の経済は、ますますグローバル化が進展している状況にあり、そのような中で企業を取り巻く環境も厳しさを増してきており、企業経営の合理化・効率化などの観点から、会社合併や営業譲渡、会社分割などの企業再編の方法がとられてきています。

　これらのうち、会社分割は、分割されるもともとの会社（分割会社）がその事業に関して有する権利義務のすべてまたは一部を他の会社に承継させることをいい、事業再構築をより円滑に進めるため、平成12年の商法（現会社法）の改正により、新たに導入されたものです。会社分割は、事業部門を分離独立させて経営の効率化などを図ることを目的としてなされる例が多くみられます。

　会社分割には、分割した事業を新設の会社に承継させる「新設分割」と、分割した事業を既存の別会社に承継させる「吸収分割」がありますが、いずれにしても、分割に伴って分割前の会社に雇用されていた従業員の地位にも大きく影響を与えますので、こうした従業員の労働契約の承継の問題を解消するために、先の商法等の改正に併せて「会社分割に伴う労働契約の承継等に関する法律」（以下「労働契約承継法」といいます。）が制定されました。

　同法は、分割後の労働契約の権利義務関係について規定する民事法としての性格を持ち、罰則規定はありませんが、分割に関係する従業員とのトラブルを回避するためにも、同法に則った適切な対応が求められます。

　なお、会社分割による労働契約の承継をめぐって労働契約上の地位確認が認められた判例があります（「日本アイ・ビー・エム（会社分割）事件」、平22.7.12最高裁第二小法廷判決。第二審は平20.6.26東京高裁判決。第一審は平19.5.29横浜地裁判決）。

　以下では、同法の内容に従い、労働契約の承継関係と必要な手続きについてまとめておきます。

労働契約の承継関係

(1) 「承継される事業に主として従事する労働者」

　労働契約承継法によれば、分割計画（新設分割の場合）または分割契約（吸収分割の場合）において、「承継される事業に主として従事する労働者」の労働契約が承継されることを記載した場合には、権利義務関係は一括して当然に設立会社（新設分割の場合）または承継会社（吸収分割の場合）に承継されます（同法3条）。

　ここで、「主として」とは、承継される事業に「専ら従事」している場合のほか、他の事業にも従事している場合であっても、承継される事業に従事する時間や役割等を総合的に勘案した上でこれに該当すると判断される場合があります。また、総務・人事等の間接部門の場合も同様に、「承継される事業のために」従事している度合いが判断されますが、どの事業のために従事しているのか区別できない場合は、これらの従業員を除いた分割会社の従業員の過半数の労働契約が承継される場合のみ、これらの従業員の労働契約も承継されます。

　また、分割計画（契約）に労働契約の承継について記載がない場合には、「承継される事業に主として従事する労働者」は、異議を申し出ることができ、本人が異議を申し出た場合には、その意向どおり、承継会社等にその者の労働契約が承継されます（同法2条1項1号、3条、4条）。

(2) 「承継される事業に主として従事する労働者」以外の従業員

　他の事業にも従事しており、承継される事業に従としてしか従事していない従業員については、仮に会社から承継会社等にその者の労働契約が承継される旨の通知を受けた場合には、異議を申し出ることができます。異議を申し出た場合は、その労働契約は承継会社等に承継されず、分割会社に残ることが保障されます（同法2条1項2号、5条）。

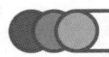

労働契約承継の手続き

会社分割に伴う労働契約の承継については、次のような手続きをとる必要があります。

(1) **従業員の理解・協力を得るための過半数労働組合等との協議**（同法7条）

会社分割にあたり、まず会社は、過半数労働組合、これがない場合は過半数代表者と、従業員の理解と協力が得られるよう協議する必要があります。この協議では、（ⅰ）会社分割をする背景・理由、（ⅱ）会社分割後の分割会社、承継会社等の債務の履行に関する事項、（ⅲ）「承継される事業に主として従事する労働者」に該当するか否かの判断基準、（ⅳ）会社分割にあたり、従業員との間に生じた問題の解決手続きなどについて検討します。

(2) **労働契約の承継に関する従業員との協議**（平成12年商法等改正法附則5条）

会社は、承継される事業に従事している従業員に、分割契約等の通知期限日までに、労働契約の承継の有無、分割後の業務の内容、就業場所、就業形態等会社の考え方を説明し、本人の希望を聴取し、協議しなければなりません。

(3) **承継される事業に主として従事する労働者等への通知**（同法2条1項）

分割計画（契約）の後、分割を承認する株主総会の会日の2週間前の日の前日までに、承継される事業に主として従事する従業員、それ以外の者で承継会社等に承継させる従業員に対して、次の事項を書面で通知しなければなりません。

◆**承継会社等へ移行する従業員への通知事項**◆

（ⅰ）その者の労働契約が承継会社等に承継されるという分割契約等の定めの有無
（ⅱ）従業員の異議申出期限日
（ⅲ）その者が承継される事業に主として従事する労働者か、それ以外かの別
（ⅳ）承継される事業の概要
（ⅴ）会社分割後の分割会社・承継会社等の商号・住所（設立会社については所在地）・事業内容・雇用予定の従業員数
（ⅵ）効力発生日
（ⅶ）会社分割後に分割会社または承継会社等でその者が従事する予定の業務内容・就業場所その他の就業形態
（ⅷ）会社分割後の分割会社・承継会社等の債務の履行の見込みに関する事項
（ⅸ）異議がある場合その旨申し出ることができること、異議の申出を受理する部門の名称・住所あるいは担当者の氏名・職名・勤務場所

(4) 労働組合への通知（同法2条2項）

　分割会社と労働組合が労働協約を締結している場合は、労働協約のうち労働条件について定めたいわゆる「規範的部分」については、承継会社とその組合との間で同一の内容の労働協約が締結されたものとみなされます（同法6条）。つまり、分割会社・承継会社等の双方で分割前と同一の内容の労働協約が存在することになります（いわゆる労働協約の「債務的部分」については、分割会社とその組合が合意すれば、分割契約書等に記載されたものは承継されます。）。

　したがって、分割会社と労働協約を締結している労働組合がある場合は、(3)と同様、株主総会の会日の2週間前の日の前日までに、その組合に対して、上記（ⅳ）～（ⅵ）、（ⅷ）の事項のほか、労働協約が承継される分割契約等の定めの有無、承継される従業員の範

囲、承継会社等が承継する労働協約の内容などを書面で通知する必要があります。

(5) 従業員の異議申出（同法4条、5条）
　会社が、（ア）承継される事業に主として従事する従業員を分割会社に残留させる場合、（イ）承継される事業に主として従事する従業員以外の者を承継会社等に承継させる場合には、従業員は、異議申出期限日（期限日を定める場合は、(3)の通知日と期限日の間に少なくとも13日間を置くこと）までに書面により異議を申し出ることができます。
　（ア）について異議を申し出た場合は、その労働契約は分割契約による分割の効力が生じた日に承継会社等に承継されますし、（イ）について異議を申し出た場合は、その労働契約は承継会社等に承継されません。

労働協約承継法の運用に関しての留意点

　労働契約・労働協約の承継の詳細に関しては、労働契約承継法に基づき、「分割会社及び承継会社等が講ずべき当該分割会社が締結している労働契約及び労働協約の承継に関する措置の適切な実施を図るための指針」（平12.12.27労働大臣告示127号）で具体的に示されていますので、この指針に留意し、これに示されている事項について適切に対応することが重要です。
　この指針の全文は膨大なボリュームがありますので、ここでは、分割会社及び承継会社等が講ずべき措置等の項目を、以下のとおりまとめておきます。

◆分割会社・承継会社等が講ずべき措置等の項目◆

1　労働者及び労働組合に対する通知に関する事項
　(1)　通知の時期
　(2)　通知を行う労働者の範囲
　(3)　通知を行う労働組合の範囲
2　労働契約の承継に関して講ずべき事項等
　(1)　分割契約等に定める方法等に関する事項
　(2)　労働者による異議の申出に関する事項
　(3)　承継される事業に主として従事する労働者の範囲に関する事項
　(4)　労働条件等に関する事項
3　労働協約の承継に関して講ずべき措置等
　(1)　分割会社と労働組合との間の合意に関する事項
　(2)　承継会社における既存の労働協約との関係
　(3)　組織要件が効力発生要件とされている労使協定等
4　労働者の理解と協力に関する事項
　(1)　商法等改正法附則第5条の協議（33頁参照）
　(2)　法第7条の労働者の理解と協力を得る努力（33頁参照）
5　その他
　(1)　安全衛生委員会等従業員代表を構成員とする法律上の組織に関する事項
　(2)　派遣労働者の取扱い
　(3)　船員の取扱い
　(4)　雇用の安定

承継の対象となる従業員の範囲と手続き

　この指針の上記2(3)の「承継される事業に主として従事する労働者の範囲に関する事項」についてもう少し詳しく説明しますと、ここにおいて、会社の分割に際し、分割会社から見て思わしくないと考える労働組合員、あるいは従業員を承継会社等に移らせない、逆に移らせるというようなことが行われようとする場合や、承継する事業に全く従事していない従業員を承継会社等の円滑な事業運営のために移そう

という場合などについての考え方が示されている点に留意する必要があります。

この項では、以下の内容が記されています。

- 分割会社は、不当労働行為の意図をもって労働契約承継の効力発生日以後における分割会社または承継会社等から当該労働者を排除する等の違法な目的のために、当該効力発生日前に配置転換等を行ってはならず、このような配置転換等は無効となるものであること
- 承継される事業に全く従事していない労働者についても、その労働契約を分割会社から承継会社等に承継させる場合には、上記「労働契約承継の手続き」で記した(3)の通知が必要であり、その労働者がその承継に反対であるときは(5)の異議の申出ができること
- 会社分割の手続きによらず労働契約を承継させるには、その労働者の個別の承諾を得る必要があること
- 労働契約のみ承継する会社分割の場合も、承継される労働者に対して異議の申出等の取扱いをすること

▶再雇用の取消し

No.8 会社の業績悪化のため、定年前に合意していた再雇用を取り消せますか

〈相談内容〉

　定年となる前に人事担当役員が対象者にヒアリングを行い、定年後1年間の再雇用に合意していました。ところが、その者が定年を迎えた時点で、会社の急激な業績悪化のため再雇用は困難な状況となり、その旨本人に説明しましたが、「私に先立って今年も5人が定年に達し、再雇用で働き続けているのに、私には再雇用は認められないとすれば解雇と同じで納得がいかない」と言われました。正式な再雇用契約の手続きはまだしていませんでしたが、このような場合には、会社としてはどのように対応すればよいのでしょうか。

ポイント！
　再雇用は、労働条件の異なる新たな労働契約の締結ですので、再雇用拒否は、新たな労働契約に入る前の契約締結拒否であり、これを「解雇」とみることはできないものと思われます。

　高年齢者等の雇用の安定等に関する法律（以下「高年齢者雇用安定法」といいます。）は、事業主に段階的に65歳までの雇用確保措置を義務付け、再雇用などの継続雇用制度を導入する場合には、原則として希望者全員を対象としつつ、対象者を限定する場合には、あらかじめ客観的で具体的な選定基準を労使協定で定めることとしています。

　会社が再雇用の意思確認をした後に、会社の業績悪化を理由に、他にこれに代わる措置を講じないまま再雇用を拒否したことは、同法の趣旨に反する可能性が高いものと考えられます。

継続雇用（勤務延長・再雇用）拒否と解雇との関係

　継続雇用制度は、従前のおおよその労働条件を継続して維持する「勤務延長制度」と、別の労働契約で新たに労働条件を決定する「再雇用制度」に分けられます。再雇用制度は、労働関係は継続しているものとみなされるものの、従前の労働契約とは異なる契約を締結するものですから、労働条件等も従前とは大きく変わってしまう場合もあり得るわけです。

　今回のご相談の再雇用の拒否は、新たな労働契約の締結拒否であって、締結された契約の使用者からの解除（解雇）とはいえません。

　一方、ご相談の場合とは異なりますが、勤務延長制度は、従来の契約を延長して引き続き維持するものをいいますので、その拒否は、一定の条件の下では解雇に関する規定（解雇の予告（労基法19条）等）が適用されるものと考えられます。

　ただし、解雇と判断されたとしても、その理由には、「定年」という大きな合理的な理由が前提として存在しますので、定年まで存続した労働契約の終了と、定年に際しての再雇用契約の締結の拒否を同一線上に論じて、労働契約法16条（「解雇は、客観的に合理的な理由を欠き、社会通念上相当であると認められない場合は、その権利を濫用したものとして、無効とする。」）をそのまま適用してよいかどうかについては見解が分かれるものと思われます。この点を争った裁判事例は見当たりませんが、定年に伴う継続勤務の拒否を解雇とみなしての合理性の判断は、通常の解雇の合理性の判断とは若干異なった基準で判断されることになるのではないかと思われます。

高年齢者雇用安定法の雇用確保措置義務

　高年齢者雇用安定法では「定年の定めをする場合には、当該定年は、60歳を下回ることができない。」（8条）とされています。さらに、定年（65歳未満のものに限ります。）の定めをしている事業主は、そ

の雇用する高年齢者の65歳までの安定した雇用の確保を図るため、当該定年の引上げ、継続雇用制度の導入または当該定年の定めの廃止のいずれかの措置を講じなければならないものとされています（同法9条）。これは、年金の受給開始年齢に合わせて措置されるものです。

事業主に求められている高年齢者の雇用を確保する措置の概要は、以下のとおりです。

(1)高年齢者雇用確保措置の実施義務

定年（65歳未満のものに限ります。）の定めをしている事業主は、その雇用する高年齢者の65歳までの安定した雇用を確保するため、

① 当該定年の引上げ
② 継続雇用制度（現に雇用している高年齢者が希望するときは、当該高年齢者をその定年後も引き続いて雇用する制度）の導入
③ 当該定年の定めの廃止

のいずれかの措置を講じなければなりません。

この雇用確保措置義務に係る年齢は、上記のとおり、年金の支給開始年齢の引上げに合わせて**次表**のように段階的に引き上げられ、平成25年4月1日以降は、65歳までの雇用を確保するための措置を実施することが完全に義務化されます。

経過措置期間	雇用確保措置義務年齢
平成22年4月1日～平成25年3月31日	64歳
平成25年4月1日～	65歳

また、確保されるべき雇用の形態については、必ずしも労働者の希望に合致した職種・労働条件による雇用を求めるものではなく、趣旨を踏まえたものであれば、常用雇用のみならず、短時間勤務や隔日勤務なども含めて多様な雇用形態を含むものとされています。

(2) 継続雇用制度の対象となる高年齢者に係る基準の設定

　働く意欲・能力のある高年齢者の雇用をできる限り確保しようという高年齢者雇用安定法の趣旨からすれば、継続雇用制度を導入する場合は、その対象者は希望者全員とするのが望ましいことです。しかし、会社経営上の事情など企業の実態に応じて、労使協定により、継続雇用制度の対象となる高年齢者の基準を定め、当該基準に該当する労働者のみを継続雇用制度の対象とすることも認められています（高年齢者雇用安定法9条）。

　なお、労使協定の締結に努力したにもかかわらず協議が調わないときは、特例措置として、中小企業（常時雇用する労働者が300人以下の企業）では平成23年3月31日までの間は、就業規則等でその基準を定め、その基準に基づく制度を導入することができるとされています。

(3) 継続雇用制度の対象者の基準

　制度の対象者の選定基準をどのように設定するかは、企業の実情に応じて、労使で話し合って決定すべきものです。

　しかし、例えば「会社が必要と認めた者に限る」、「上司の推薦がある者に限る」などのように、抽象的で漠然とした基準や、事業主の主観に左右されるような基準は適切ではありません。

　高年齢者雇用安定法の趣旨から要請される基準は、①意欲、能力等を具体的に測るものであること（具体性）、②必要とされる能力等が客観的に示されており、高年齢者にとって、自分がその基準に該当するか否かを予見できるものであること（客観性）が必要とされます。具体的には、①働く意思・意欲、②勤務態度、③健康状態、④能力・経験、⑤技能伝承等の観点から具体的な基準を設定することが望まれます。

本設問の再雇用拒否

　ご相談の場合は、事前ヒアリングによる再雇用の合意があったものの、具体的な再雇用契約の手続きには至っていないということですから、再雇用契約締結の前段階の問題であって、これを拒否しても解雇の問題にはなりません。

　また、前記高年齢者の雇用確保義務を定める高年齢者雇用安定法9条の性格について、最近の裁判例では、「同条は、私人たる労働者に、事業主に対して、公法上の措置義務や行政機関に対する関与を要求する以上に、事業主に対する継続雇用制度の導入請求権ないし継続雇用請求権を付与した規定（直截的に私法的効力を認めた規定）とまで解することはできない。」と判示し、同条の義務は公法上のものであって私法上（民事上）の効力はないとしています（「ＮＴＴ西日本（高齢者雇用・第1）事件」平21.3.25大阪地裁判決、同事件控訴審・平21.11.27大阪高裁判決もこれを支持）。

　一方、継続雇用制度の導入にあたり、同条に規定する労使協定の締結当事者である過半数代表者を選出しなかった会社において、タクシー運転手が再雇用基準を満たしていないとして定年後の再雇用を拒否された事案について、同条の要件を満たしていないことなどから再雇用に関する当該就業規則の規定が無効とされた例もあります（「京濱交通事件」平22.2.25横浜地裁川崎支部判決）。

　しかしながら、ご相談のように、いったん再雇用について合意していたにもかかわらず、従業員側の責任には関わりのない急な会社の業績悪化の事情が生じたとして、再雇用を拒否することは、その定年に達した再雇用希望の方にとっては、納得し難いものがあるでしょうし、高年齢者雇用安定法の趣旨に反する可能性が高いといえます。

　そこで、当初の合意どおりに再雇用されないのであれば、同法は、定年退職などによって離職し、再就職を希望する高年齢者について、再就職の援助の措置を講ずべき事業主の努力義務を定めています（15条）ので、求人の開拓などの援助に努める必要があります。

▶自宅謹慎の取扱い

> 【相談票】
>
> No.9
>
> ## 自宅謹慎中の給与の取扱いは
>
> 〈相談内容〉
>
> 　県内で数店舗のスーパーを経営しています。先日、その中の1つの店舗で、約30万円のレジ金（現金）が不足するという不祥事が発生し、そのレジを担当していた従業員に自宅での謹慎を命じました。
>
> 　この件の詳細についてはまだ調査中ですし、その後の取扱いをどうするかもまだ正式に決定しておらず、謹慎期間もはっきりしていません。
>
> 　このような謹慎期間中でも、給与を支払わなければならないのでしょうか。

ポイント！　自宅謹慎には、懲戒処分としての出勤停止処分と、懲戒処分の前段階として状況調査のための事実上の自宅待機とがあります。

　懲戒としての自宅謹慎（出勤停止処分）には、就業規則などに定められた処分の根拠及び処分するにあたっての該当性・相当性が必要です。出勤停止処分の場合は、一般的には期間中の賃金は支払われません。

　状況調査のための自宅待機であって、懲戒処分としての性格がないとすれば、自宅待機期間の休業手当または賃金の支払いが必要です。

●● 自宅謹慎の性格

　自宅謹慎を命じたとありますが、自宅謹慎には2つの種類があると考えられます。

1つは、懲戒処分としての「出勤停止」です。もう1つは、懲戒処分ではない「自宅待機」です。

◯◯ 懲戒処分としての自宅謹慎

　出勤停止処分（自宅謹慎）を含む懲戒は、従業員が企業内の服務規律に違反した場合や、企業秩序を乱す行為をした場合に、その従業員に対して企業が一定の制裁（不利益措置）を加えるものです。

　懲戒については、平成20年3月1日に労働契約法が施行されるまで、実定法上は、制裁の定めをする場合においては、就業規則でその種類及び程度に関する事項を定めなければならない（相対的必要記載事項）という労基法89条の規定と、減給の制裁の制限に関する同法91条の規定のみであり、懲戒の種類や内容、手続き等に関する一般的な法的規制はありませんでした。

　しかし、実務上は、使用者が企業の秩序や利益を維持する上で必要なものとして、企業の秩序を乱した従業員に対する制裁制度として、多くの企業で就業規則等に懲戒に関する規定が設けられ、制度化されていました。

　また、判例でも、従業員は労働契約に付随して企業秩序を遵守すべき義務を負うものとした上で、「使用者は、広く企業秩序を維持し、もって企業の円滑な運営を図るために、その雇用する労働者の企業秩序違反行為を理由として、当該労働者に対し、一種の制裁罰である懲戒を課することができる」（「関西電力事件」昭58.9.8最高裁第一小法廷判決）と判示しています。

　さらに、労基法の行政解釈でも「就業規則に定める制裁は、減給に限定されるものではなく、その他譴責、出勤停止、即時解雇等も、制裁の原因たる事案が公序良俗に反しない限り禁止する趣旨でないこと。」（昭22.9.13発基17号）とされています。

　なお、懲戒処分の種類と内容を一覧にすると次頁の表のようになります。

◆懲戒処分の種類と内容◆

懲戒処分の種類	内　　容
けん責・戒告	懲戒処分では最も軽い処分で、一般に始末書を提出させ、将来を戒めるもの。
減　給	懲戒処分としての減給は、いわゆる秩序罰で、従業員が本来提供した労務に対して支払われるべき賃金の額から一定額を差し引くことをいう。
降　格	懲戒として役職や職能資格を引き下げることをいい、これに伴って賃金も下がる場合が多い。
出勤停止	一定期間、出勤を停止するもので「自宅謹慎」とも呼ばれる。出勤停止期間中は労働していないことから、結果的に賃金は支払われず、また、通常勤務年数にも参入されない。なお、出勤停止期間が比較的長期間にわたるものは、「懲戒休職」とも呼ばれる。
諭旨解雇	懲戒解雇を若干軽減したもので、従業員に辞表を提出させ、通常退職を促す形式によることが多い。退職金の取扱いは、減額・不支給となる場合が多いが、自己都合退職として支給するケースもある。
懲戒解雇	懲戒処分の中では最も重い処分であり、従業員を企業外に放逐すること。一般には即時解雇であり、退職金も減額・不支給とされる場合が多い。

懲戒処分としての出勤停止（自宅謹慎）には就業規則等の根拠が必要

　使用者が懲戒処分として「出勤停止処分」（自宅謹慎）を命じる場合には、労基法89条に基づき、就業規則で制裁の種類及び程度を定める等、処分のための根拠となるものが必要です。

　つまり、就業規則等に制裁の定めがなければ、懲戒処分としての出勤停止処分（自宅謹慎）を命じることはできません。また、懲戒の定めがあったとしても、その種類の中に出勤停止処分（自宅謹慎）の定めがなければこれを命じることはできません。さらに、出勤停止処分の規定があったとしても、その日数など程度に関する定めがない場合には、規定そのものの有効性に疑問があります（「出勤停止の期間については公序良俗の見地より当該事犯の情状の程度等により制限のあ

るべきことは当然である。」（昭23.7.3基収2177号）との行政解釈があります。）。

　以上のいずれの場合も、それら根拠がある場合はともかく、それがない場合には、懲戒処分としての出勤停止処分（自宅謹慎）はできないこととなります。ご相談の場合が、懲戒規定等がなく出勤停止を命じたとすれば、使用者は少なくとも、使用者の責に帰すべき事由により休業を命じたことになりますから、労基法26条に基づき、平均賃金の6割以上の休業手当を支払う必要があります。

　仮に、制裁に関する就業規則の規定があったとしても、就業規則を当該従業員に周知されていなければ、効力はありません（「フジ興産事件」（平15.10.10最高裁第二小法廷判決）は、就業規則の懲戒規定が従業員を拘束するためには、あらかじめ周知されていることが必要としています。）から、休業手当を支払う必要があります。

労働契約法の懲戒規定

　懲戒は、前記のとおり、使用者が企業秩序を維持し、企業の円滑な運営を図るために、その雇用する従業員の企業秩序違反行為を理由として、当該従業員に対し、一種の制裁罰として不利益を課するものですが、使用者の懲戒権は無制限に認められるわけではありません。

　労働契約法では15条で「使用者が労働者を懲戒することができる場合において、当該懲戒が、当該懲戒に係る労働者の行為の性質及び態様その他の事情に照らして、客観的に合理的な理由を欠き、社会通念上相当であると認められない場合は、その権利を濫用したものとして、当該懲戒は、無効とする。」と定めています。

　この規定は、懲戒に関する権利濫用の判例法理（「ダイハツ工業事件」　昭58.9.16最高裁第二小法廷判決）を成文化したものです。

　仮に、使用者が懲戒としての出勤停止処分（自宅謹慎）に関する明確な根拠（就業規則の規定など）を有していたとしても、その処分が重過ぎるなど、客観的に合理的な理由を欠き、社会通念上相当である

と認められない場合には無効となります。

　なお、ご相談の場合に、仮にこのたびの「自宅謹慎」が実質的に懲戒としての出勤停止処分として実施されたときには、現金紛失についての処分はこれで済んでいると解されますので、出勤停止明けに改めて使用者が懲戒処分を科することはできません（いわゆる二重処分の禁止・一事不再理）。

懲戒処分ではない自宅謹慎

　自宅謹慎が懲戒処分としてではなく、事実の確認や現場の証拠の保全等のための単なる「自宅待機」に当たる場合には、この期間について、使用者は少なくとも、労基法26条に基づき、「使用者の責に帰すべき事由」により休業を命じたものとして、平均賃金の6割以上の休業手当または当該期間中の賃金を支払う必要があります。この場合は、事実関係の全容が明らかになった上で、改めて懲戒処分を科すこととは区別して取り扱うことになります。

▶秘密保持義務と個人情報の保護

> **No.10** 　　　　　　　　　　　相談票
>
> ## 従業員による社外への顧客情報の持ち出し・流出への対応は
>
> 〈相談内容〉
> 　営業課長である従業員が、当社の顧客リストを外部へ持ち出していたことが判明しました。一定の管理職しか物理的にアクセスできないようにしている顧客リストのデータに、営業課長という立場を利用してアクセスし、これをコピーして密かに取引先へ流していたということです。
> 　この者については、当社の就業規則の規定に基づき、会社に対する違背行為として懲戒解雇に処することが決定しました。しかし、この顧客に関する情報には、会社の営業上重要な機密情報も含まれており、これが持ち出されたことにより、当社の営業活動にも大きな支障をきたしかねません。損害賠償を本人に請求するなど法的な手段はないのでしょうか。また、このデータには、顧客の個人情報も含まれますので、個人情報の管理について、当社の責任が問われることになるのでしょうか。

ポイント！　在職中の従業員は、労働契約に付随する義務として、信義則上、業務上知り得た会社の秘密を漏えいしないようにすべき義務を負っています。この義務の違反行為について、使用者は、就業規則の規定に基づき懲戒処分の対象とすることができます。

　ご相談の顧客に関する情報が、不正競争防止法にいう「営業秘密」に当たる場合には、会社としては、その違背行為をした従業員に対して、行為の差止め請求、損害賠償請求が可能です。

また、一定規模の個人情報を取り扱う事業者は、個人情報を適正に管理するための措置を講ずべき義務を負っており、この義務に違反して顧客情報を漏えいさせた場合には、行政指導、罰則の対象となる場合もあります。さらに、漏えいにより顧客等に損害を与えた場合には、民事上の損害賠償責任を問われるケースもあります。

従業員の秘密保持義務

　従業員は、多くの場合、業務に従事する過程で企業内部のさまざまな情報に接する機会があります。その中には、企業の機密事項に関わる情報も含まれ、企業にとっては、そのような機密情報が無断で使用されたり、外部へ漏えいすることがあれば、その事業活動に大きなダメージを受けることも十分あり得ます。

　従業員が知り得た企業の秘密情報について、みだりに使用したり、外部へ漏らしたりしないようにすべき従業員の「秘密保持義務」（守秘義務）については、法令上明文の根拠はありません。しかし、一般的には、労働契約に付随して、信義則上、従業員は、使用者の正当な利益を不当に侵害しないようにすべき義務（誠実義務）を負っていると考えられ（民法１条２項、労働契約法３条４項）、在職中の秘密保持義務もまた、その一環として、特段就業規則上の規定や個別の労働契約における特約がなかったとしても、多くの裁判例で認められています。

　例えば、企業内部の経営再建計画書の内容を従業員が外部へ漏えいした事案について、「労働者は、労働契約にもとづく付随的義務として、信義則上、使用者の利益をことさら害するような行為を避けるべき責務を負うが、その一つとして使用者の業務上の秘密を洩らさないとの義務を負うものと解せられる」と判示したものがあります（「古河鉱業足尾製作所事件」昭55.2.18東京高裁判決）。このほか、従業員の在職中の秘密保持義務を認めているものとして、美濃窯業事件

（昭61.9.29名古屋地裁判決）、アイメックス事件（平17.9.27東京地裁判決）などがあります。

秘密保持義務違反に対する制裁等

　ご相談のように、企業の秘密情報とされる顧客情報を従業員が外部へ漏えいした行為について、就業規則の懲戒規定に定める懲戒解雇事由（例えば「業務上重要な秘密を社外に洩らし、または洩らそうとしたとき」）に該当すれば、就業規則の規定に従い、この従業員を懲戒解雇とすることが可能です（なお、懲戒解雇については3巻No.1参照）。

　ただ、秘密保持義務の対象とされる「企業秘密」の範囲については、企業秘密の性質、保護の必要性、労使の信頼関係の程度等に照らして総合的に判断され、従業員の地位・職務によっても異なるものと考えられます。次項で解説する不正競争防止法の保護対象とされる「営業秘密」に該当するものは、秘密保持義務の対象となりますが、同法の「営業秘密」に当たらない場合でも、前記の総合的な判断によって秘密保持義務の対象となる場合があります。

　前掲古河鉱業足尾製作所事件判決では、従業員の秘密漏えい行為が企業秩序の侵害に該当するものとし、この者を懲戒解雇したことの相当性を認めています。一方、一般論として秘密保持義務を認めつつも、当該事案（営業日誌を外部へ漏えいした）は就業規則で定める「機密を洩らした行為」に該当しないものとして懲戒解雇を無効とした裁判例もあります（「日産センチュリー証券事件」平19.3.9東京地裁判決）。

　また、企業秘密を漏えいした従業員に対して、債務不履行（秘密保持義務違反。民法415条）または不法行為（民法709条）に基づく損害賠償請求をすることを認めた裁判例もあります（前掲美濃窯業事件判決、同アイメックス事件判決等）。

不正競争防止法上の営業秘密

　企業の一定の重要な秘密事項については、その保護法益としての大きさに鑑み、不正競争防止法は、不正な利益を得ることや、企業へ損害を与えることを目的として企業秘密を不正に入手・使用・開示等する行為を禁止し、このような行為に対する民事上の措置や刑事罰について定めています。

　同法が保護対象とする「営業秘密」とは、次の要件に該当するものをいいます（2条6項）。

◆「営業秘密」の要件◆

(1) **秘密として管理されていること（秘密管理性）**
　①情報にアクセスできる者を制限すること（アクセス制限）
　②情報にアクセスした者にそれが秘密であると認識できること（客観的認識可能性）

(2) **有用な営業上または技術上の情報であること（有用性）**
　　当該情報自体が客観的に事業活動に利用されていたり、利用されることによって、経費の節約、経営効率の改善等に役立つものであること。現実に利用されていなくてもよい。

(3) **公然と知られていないこと（非公知性）**
　　保有者の管理下以外では一般に入手できないこと

資料出所：経済産業省「不正競争防止法の概要」（平成22年度版）
http://www.meti.go.jp/policy/economy/chizai/chiteki/pdf/fukyoho212.pdf

　同法に基づく、営業秘密に対する侵害行為に対する措置には、民事上の措置と刑事上の措置があります。
　民事上の措置には、①差止め請求（3条）、②損害賠償請求（4条）、③信用回復措置請求（14条）があります。

◆**不正競争防止法に定める民事上の措置**◆

①**差止め請求（3条）**
　営業上の利益を侵害する者または侵害するおそれがある者に対し、その侵害の停止または予防を請求すること、及び侵害の行為を組成した物の廃棄等を請求することができる。

②**損害賠償請求（4条）**
　故意または過失により不正競争を行って他人の営業上の利益を侵害した者に対して、損害賠償を請求することができる。

③**信用回復措置請求（14条）**
　故意または過失により不正競争を行って他人の営業上の信用を害した者に対しては、信用回復措置を請求することができる。

　また、営業秘密に対する侵害行為は、「営業秘密侵害罪」として刑事罰の対象となります（10年以下の懲役または1,000万円以下の罰金。21条1項）。刑事罰の対象となる行為については、平成21年の同法改正により見直しが行われ、処罰範囲が拡大されました（平成22年7月1日施行）。すなわち、「不正の競争の目的」に限らず、広く「不正の利益を得る目的」や「その営業秘密の保有者に損害を与える目的」（図利加害目的）でなされた行為もその対象に含まれます。また、営業秘密の使用・開示だけではなく、不正な取得、営業秘密の記録された媒体・物件の横領、複製作成、消去すべき情報を消去しない行為なども刑事罰の対象となります。

　ご相談の場合についてみてみますと、①顧客情報は、企業秘密として一定の管理職しかそのデータへアクセスできない取扱いにされていたこと（秘密管理性）、②顧客情報は、会社の事業活動のために利用されるものであること（有用性）、③外部からアクセスして一般に入手して知り得る情報でないこと（非公知性）から、従業員が外部へ漏えいした顧客情報は、「営業秘密」に該当するものと思われます。したがって、その従業員に対して、不正競争防止法が定める前記の民事上の措置（差止め請求、損害賠償請求等）をとることができ、また、

「営業秘密侵害罪」として刑事罰の対象となるものと考えられます。

さらに、同法上の措置とは別に、前記の労働契約に付随する秘密保持義務の違反として、債務不履行または不法行為に基づく損害賠償請求も可能と考えられます。

なお、経済産業省では、「営業秘密管理指針」（平15.1.30策定、平22.4.9改訂）を公表し、事業者の実態を踏まえた合理性のある秘密管理の方法を提示しつつ、中小企業者等の利便に資するチェックシート、各種契約書の参考例等の参照ツールを掲載していますので、併せて参考にするとよいでしょう。

(http://www.meti.go.jp/press/20100409006/20100409006.html)

個人情報保護法に定める事業者の義務

ご相談の場合は、「顧客情報」、つまり、顧客の個人情報が含まれる内容を含む情報が問題となっていますので、おっしゃるとおり、会社としての個人情報の管理責任の問題にもなります。

個人情報保護法は、個人の人格尊重という観点から、個人情報の適正な取扱いを図ることを目的として平成15年に制定されました。

同法がその保護の対象とする「個人情報」とは、生存する個人に関する情報であって、当該情報に含まれる氏名、生年月日その他の記述等により特定の個人を識別することができるもの（他の情報と容易に照合することができ、それにより特定の個人を識別することができることとなるものを含む。）をいいます（同法2条1項）。

そして、営利・非営利を問わず、「個人情報データベース等」（個人情報を含む情報の集合物で、特定の個人をコンピューター等で検索できるように体系化されたもの）を業務に利用し、これによって識別できる特定の個人の数が過去6カ月以内に5,000人を超える企業等（「個人情報取扱事業者」）に対し、同法は、次のような措置を講ずることを義務付けています。

◆個人情報取扱事業者が講ずべき措置◆

①利用目的の特定、利用目的による制限
・個人情報を取り扱う際には、利用目的をできる限り特定しなければならない。
・あらかじめ本人の同意なく特定された目的以外に利用してはならない。

②適正な取得、取得の際の利用目的の通知
・偽り・不正な手段によって個人情報を取得してはならない。
・個人情報を取得したときは、本人に速やかに利用目的を通知・公表しなければならない。

③正確性の確保
利用目的の範囲で、個人データを正確かつ最新の内容に保つよう努めなければならない。

④安全管理措置（次頁参照）

⑤従業者・委託先の監督
・個人データを取り扱う従業者、個人データの取扱いを委託する場合には委託先に対し、必要かつ適切な監督を行わなければならない。

⑥第三者への提供の際の本人の同意
原則として、個人情報を、あらかじめ本人の同意なく第三者へ提供してはならない。

⑦個人情報の開示・訂正・利用停止
・保有個人データの利用目的、開示等に必要な手続き、苦情の申出先等について本人の知り得る状態に置かなければならない。
・本人からの求めに応じて、保有個人データを開示しなければならない。
・保有個人データの内容に誤りのあるときは、本人からの求めに応じて、訂正等を行わなければならない。
・保有個人データに関する違法な取扱いについて、本人からの求めに応じて、利用の停止等を行わなければならない。

⑧苦情処理
・個人情報の取扱いに関する苦情の適切かつ迅速な処理に努めなければならない。
・苦情処理を行うにあたり、苦情処理窓口の設置や苦情処理の手順を定める等必要な体制の整備に努めなければならない。

以上のような個人情報を適正に管理する措置を行っていない個人情報取扱事業者に対しては、行政の勧告・命令の対象となり、命令に従わないと罰則が適用されます（6カ月以下の懲役または30万円以下の罰金。同法56条）。

●●　個人情報の適正管理

　顧客情報の漏えいのケースでは、漏えいにより顧客に損害を与える場合には、顧客から民事上の損害賠償（不法行為、民法709条等）を請求される可能性もあります（「東京ビューティーセンター（TBC）情報漏えい事件」平19.8.28東京高裁判決等）。
　企業等の個人情報の管理方法等については、「個人情報の保護に関する法律についての経済産業分野を対象とするガイドライン」（平16.10.22厚生労働省・経済産業省告示4号、改正：平21.10.9同告示2号）が策定されています。
(http://www.meti.go.jp/policy/it_policy/privacy/kaisei-guideline.pdf)

◆個人情報の安全管理措置◆

①**組織的安全管理措置**
　安全管理について従業者の責任と権限を明確に定め、安全管理に対する規程や手順書を整備運用し、その実施状況を確認する。

②**人的安全管理措置**
　従業者に対する、業務上秘密と指定された個人データの非開示契約の締結や教育・訓練等を行う。

③**物理的安全管理措置**
　入退館（室）の管理、個人データの盗難の防止等の措置を講ずる。

④**技術的安全管理措置**
　個人データ及びそれを取り扱う情報システムへのアクセス制御、不正ソフトウェア対策、情報システムの監視等を行う。

このガイドラインによれば、個人情報の安全管理措置として、**前頁の枠の４つの点**からの措置を講ずることが必要とされています。
　なお、「個人情報取扱事業者」に該当しない事業者についても、同ガイドラインでは、「『個人情報は、個人の人格尊重の理念の下に慎重に取り扱われるべきものであることにかんがみ、その適正な取扱いが図られなければならない。』（法第３条）という法の基本理念を踏まえ、このガイドラインに規定されている事項を遵守することが望ましい。」とされていることに留意する必要があります。
　ところで、ご相談の場合は、顧客情報の漏えいについて、適切に対応する必要があります。まず、事実調査、原因究明とともに、二次被害につながらないよう、事実関係をできる限り関係者（顧客等）へ謝罪とともに通知・公表し、以上のようなガイドライン等に示される個人情報管理措置の内容を踏まえながら、自社の情報管理体制等を再点検する必要があります。その上で、再発防止対策を講ずべきでしょう。
　また、個人情報保護法で個人情報の適正な管理措置が義務付けられる個人情報取扱事業者は、漏えいの事実等について主務大臣等への報告も必要となります。

第2章

労働時間・休日・休暇に関する相談

▶休日労働と時間外労働

> 相談票
>
> No.11
> **休日労働と8時間を超える労働、深夜労働が重なった場合の割増賃金の計算は**
>
> 〈相談内容〉
> 　法定休日に休日出勤をしてもらったときに、その日に労働時間が8時間を超えてしまった場合、深夜に及んだ場合は、割増賃金の計算はどのようにしたらよいのでしょうか。

ポイント！　休日労働が1日の法定労働時間の8時間を超えても休日労働の割増賃金を支払えばよく、時間外労働の割増賃金を重複して支払う必要はありません。

　一方、休日労働が深夜及んだ場合には、休日労働に対する割増賃金に、深夜業（午後10時～午前5時）に対する割増賃金を上乗せして支払う必要があります。

　また、労基法上、休日は暦日（午前0時から午後12時）が原則となっていますので、休日労働が午後12時を超えた場合は、午後12時以降の労働は翌日の労働となり、午前5時までは深夜業となります。これにより、深夜業に対する割増賃金のほか、翌日の労働時間が8時間を超える場合や、その日を含む週の労働時間が法定労働時間を超えることになる場合は、時間外労働の割増賃金の支払いが必要となります。

時間外・休日労働に対する割増賃金

　法定労働時間は、1週40時間、1日8時間と定められ（労基法32条）、これを超えて働かせた場合は時間外労働となり、25％以上の率※で計算した割増賃金の支払いが必要となります（同法37条1項、

割増賃金率令）。これは労働日（法定休日以外の休日を含みます。）に働いた場合の考え方です。

　また、休日とは、労働契約上、労働義務のない日をいいます。労基法35条は、休日について、少なくとも１週１日与える週休制の原則（１項）と、４週を通じて４日の休日を確保する変形休日制（２項）を設けています。これらを「法定休日」と呼びます。法定休日に働かせた場合は休日労働となり、その日に労働させた時間について35％以上の率で計算した割増賃金の支払いが必要となります（労基法37条１項、割増賃金率令）。

休日労働が８時間を超える場合の考え方

　法定休日に働かせた場合は、休日労働として取り扱うことになっているため、労働日に働く場合のような「時間外労働」の概念はありません。ですから、法定休日に働かせることにより週の労働時間が法定労働時間を超えることになっても、また、休日労働が１日の法定労働時間の８時間を超えても、その日の労働については、深夜業に当たらない限り休日労働の割増賃金を支払えば足り、時間外労働の割増賃金を重複して支払う必要はないこととされています（昭22.11.21基発366号、昭33.2.13基発90号、平６.3.31基発181号、平11.3.31基発168号）。

深夜業の割増賃金の考え方

　従業員を午後10時から午前５時までの深夜の時間帯に働かせた場合については、25％以上の率で計算した割増賃金を支払わなければ

※大企業の場合は、１カ月の時間外労働が60時間を超えた場合には、その超えた時間について50％以上の割増賃金を支払わなければなりません（労基法37条１項ただし書き。No.23参照）。

なりません（労基法37条4項）。

　この深夜業の割増賃金については、前記時間外労働及び休日労働とは別個の規定が設けられ、時間外労働あるいは休日労働であるかどうかにかかわらず独立して適用されるため、深夜時間帯に当たる時間外労働や休日労働については、時間外労働あるいは休日労働の割増賃金に、深夜業に対する割増賃金を上乗せして支払う必要があります（平6.1.4基発1号）。

　したがって、時間外労働が深夜に及んだ場合については50％（25％＋25％）以上の率（大企業の場合は1カ月60時間を超えた時間が深夜時間帯に当たる場合は75％（50％＋25％）以上）、休日労働が深夜に及んだ場合は60％（35％＋25％）以上の率で計算した割増賃金

◆時間外労働が深夜に及んだ場合の割増賃金◆

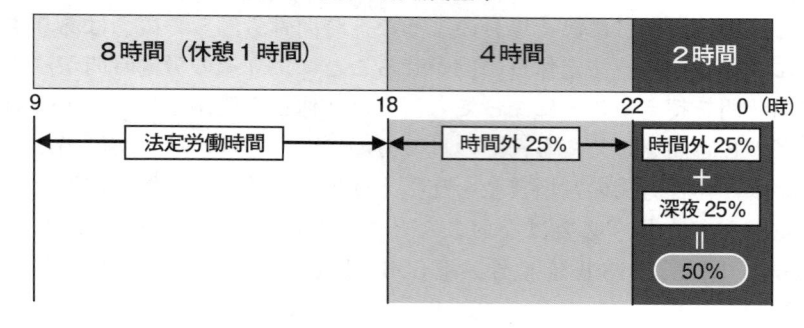

8時間（休憩1時間）	4時間	2時間
9　　　　　　　　　　　　　　　18	22	0（時）
法定労働時間	時間外25％	時間外25％＋深夜25％＝50％

◆休日労働が深夜に及んだ場合の割増賃金◆

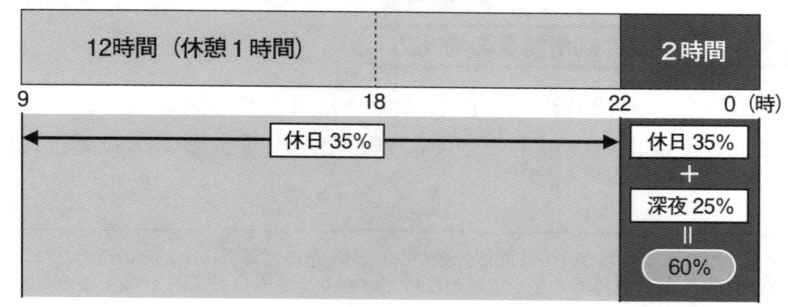

12時間（休憩1時間）		2時間
9　　　　　　　　　　　18　　　　　　　　22		0（時）
休日35％		休日35％＋深夜25％＝60％

を支払わなければならないことになります（労基則20条1項、2項）。

休日労働が深夜0時を超えた場合に休日労働といえるかどうか

　休日は、午前0時から午後12時（深夜0時）までの暦日で与えることを基本としています（昭23.4.5基発535号）。このため、休日の午後12時以降は休日ではなくなることから、一般的には、午後12時以降の労働については休日労働の割増賃金を支払う必要はありません。
　この考え方を重視すると、休日労働が継続延長して午後12時を超えた場合の、午後12時以降の労働については、休日と切り離して、休日の翌日の労働日に属する労働と考えるのが自然です。
　ところが、一方では「通常の労働日の2日にわたる労働の考え方」、つまり「継続勤務が2暦日にわたる場合には、たとえ暦日を異にする場合でも一勤務として取り扱い、当該勤務は始業時刻の属する日の労働として、当該日の『1日』の労働とする」（昭63.1.1基発1号）の考え方があり、この考え方を重視すると、始業時刻の属する日を休日とする労働が継続している限り、午後12時を超えて、暦日としては休日ではなくなっても、休日労働とみなすべきということになります。
　この点については、解釈例規等で明確にされているわけではありませんが、休日（暦日）を労働の義務のない日として通常の労働日と別意に解している限りは、労働が休日から継続しているからといって休日ではない日の労働を休日労働とみなすことはできないと考えるのが合理的な解釈と思われます。
　この考え方に基づき、休日労働が午後12時を超えた場合の、午後12時以降の労働について割増賃金を整理すると次のようになります。

①　休日労働の翌日の午前0時からその日の午前5時までの時間
　　午前0時から午前5時までの深夜の時間帯は、深夜業の割増賃金（2割5分以上）を支払うことになります。
②　翌日の労働時間が法定労働時間を超える場合

午前0時からの労働が休憩時間を除き8時間を超えた部分については、時間外労働の割増賃金を支払う必要があります。

◆休日労働をさせた日の午後12時（午前0時）以降の割増賃金◆

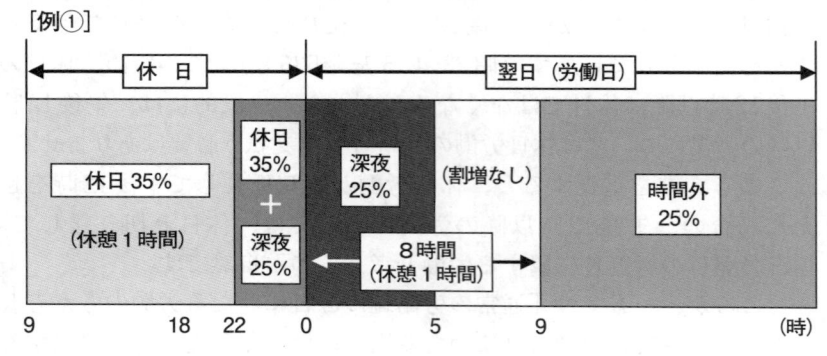

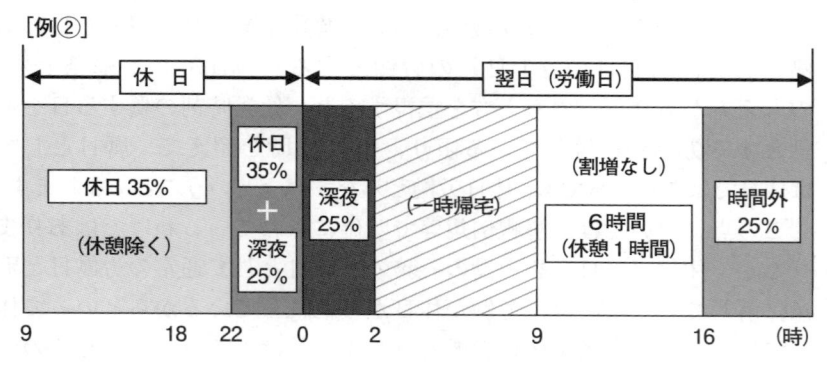

［例①］

休日				翌日（労働日）			
休日35%（休憩1時間）		休日35% ＋ 深夜25%		深夜25%	（割増なし） 8時間（休憩1時間）		時間外25%
9	18	22	0	5		9	(時)

［例②］

休日				翌日（労働日）				
休日35%（休憩除く）		休日35% ＋ 深夜25%		深夜25%	（一時帰宅）	（割増なし）6時間（休憩1時間）		時間外25%
9	18	22	0	2		9	16	(時)

　もっとも、前日の休日労働から、翌日まで通して働かせて、なおかつ1日の法定労働時間を超えるような働かせ方は、労働者の健康保持、安全の確保の点からは避けるべきでしょう。

所定労働日の時間外労働が深夜０時を超えた場合の休日労働

　ご相談の場合とは逆に、所定労働日の時間外労働が引き続き翌日の法定休日に及んだ場合には、午前０時以降については35％以上の率で計算した割増賃金を支払わなければなりませんし、午前５時までは深夜業の割増賃金も支払わなければなりません。このことは、法定休日があくまでも暦日単位で適用され、午前０時以降が休日となることから当然と解されます。

　しかしながら、これについて前日からの労働の延長として時間外労働の割増賃金を重複して支払わなければならないかについては見解の分かれるところで、解釈例規等でも明確にされていません。継続して１勤務と考えた場合には、時間外労働は継続しているので、時間外労働の割増賃金の支払いの義務があるとする見解もありますが、上述したように、時間外労働は所定労働日に法定労働時間を超えて労働させること、休日労働は法定休日に労働させることとして整理して考えれば、重複して支払う必要はないと思われます。

◆所定労働日の時間外労働が翌日の休日に及んだ場合の割増賃金◆

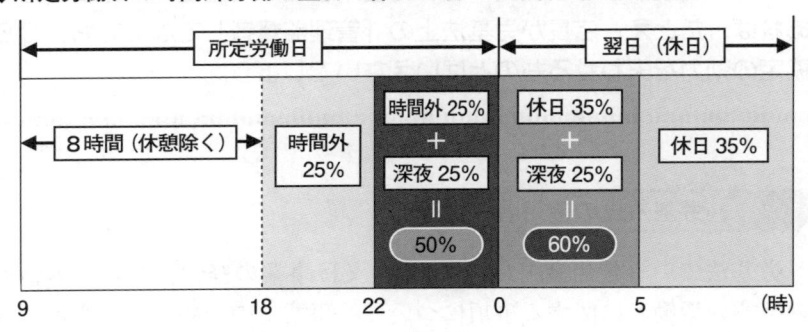

所定労働日			翌日（休日）	
8時間（休憩除く）	時間外 25%	時間外 25% ＋ 深夜 25% ＝ 50%	休日 35% ＋ 深夜 25% ＝ 60%	休日 35%
9　　　　　　　　　　18		22	0　　　　　　5	（時）

▶36協定の締結当事者

> 相談票 No.12
> **36協定に署名する使用者とは**
>
> 〈相談内容〉
> 　外食産業の店長をしています。残業をした場合は残業手当が支給されています。しかし、36協定は、私が使用者として名前を書き、従業員の代表と協定を結んでいます。
> 　使用者ではない者で、ましてや管理職といっても他の従業員と同様に残業手当が支給されている者が、使用者の立場で従業員の代表と結んだ36協定は有効でしょうか。

ポイント！ 　36協定の当事者となる使用者は、労基法10条に規定する「使用者」に該当すれば、法的な要件を満たしているものと考えられます。

　36協定は事業場ごとに提出することが原則ですので、事業場の代表である店長が、その職責において使用者として記名・押印するのであれば、たとえ、店長が労基法上の「管理監督者」でなくても、36協定の効力を失わせるものとはいえないでしょう。

●● **労基法上の使用者**

　労基法でいう使用者とは、「事業主又は事業の経営担当者その他その事業の労働者に関する事項について、事業主のために行為するすべての者をいう。」とされ（労基法10条）、取締役、工場長、部長、課長等から、作業現場監督員、職場責任者まで、その権限と責任に応じて、あるいは特定の者のみが、あるいは並列的に複数の者が該当することになります。単に、その地位の高低のみでは一概に使用者に該当

するかどうか結論付けることはできず、労基法の各条において、その権限の所在によって使用者が決まるという相対的なものといえます。

これについて解釈例規では、「『使用者』とは、本法（労基法）各条の義務についての履行の責任者をいい、その認定は部長、課長等の形式にとらわれることなく各事業において、本法各条の義務について実質的に一定の権限を与えられているか否かによる」（昭22.9.13発基17号）とされています。

つまり、労基法上の使用者は、具体的な事実において、その実質的な責任が誰にあるかで決まりますので、それが、たとえ労務管理について経営者と一体的な立場にある「管理監督者」（同法41条2号）でない者、つまり一般の労働者であっても、その人が同時にある事項について権限と責任を持っていれば、その事項については使用者ともなるわけです。

ちなみに、ある労働者がある事業場においては使用者に該当しても、異動によって別の部署に移り、そこで労基法上の使用者の権限が与えられていなければ、同一人であっても使用者には該当しないこととなるわけです。

３６協定の当事者

３６協定の一方の当事者として、労働者側については、「当該事業場に、労働者の過半数で組織する労働組合がある場合においてはその労働組合、労働者の過半数で組織する労働組合がない場合においては労働者の過半数を代表する者」と法令に明記され（労基法36条）、特に過半数労働組合がない場合については、「①労基法41条2号に規定する監督又は管理の地位にあるものでないこと　②法に規定する協定等をする者を選出することを明らかにして実施される投票、挙手等の方法による手続により選出された者であること」とされています（労基則6条の2）。

しかしながら、もう一方の当事者である使用者については、法令上

の特段の規定や解釈例規はなく、したがって、３６協定に記載すべき使用者については、前記労基法上の使用者の考え方と同様に判断すべきものと考えられます。

管理監督者でない者が使用者として記載されている３６協定

ご相談は、管理監督者でない店長が使用者として記名押印している３６協定が無効となってしまうのではないかということですが、すでに述べましたとおり、労基法上の使用者は、職場での立場や身分ではなく、その権限と責任で決まりますので、店長として店の従業員の労働時間の管理に責任を負い、時間外労働や休日労働について指示する権限を持っているのであれば、その範囲では使用者となり、３６協定の使用者側当事者としても何ら問題はないものと思われます。

なお、日本マクドナルド事件（平20.1.28東京地裁判決）でも、店舗店長の管理監督者性は否定されましたが、当該店長が３６協定の使用者側当事者になっていることは、管理監督者に該当しないことと矛盾しないと判断されています。

従業員代表から管理監督者が除外されていることとの関係

前記のように、労基則６条の２で、過半数労働組合がない場合に労基法上の管理監督者が３６協定の労働者側の当事者となることができないことが明確に規定されていることを理由に、逆に、管理監督者でない者が３６協定の使用者として記載されることは、同条の反対解釈的な考え方として手続き的に違法ではないか、あるいは３６協定の効力に影響を及ぼすのではないか、というご質問も想定されます。

しかしながら、①労基法上、使用者はあくまでも、その権限と責任で決まるものであること、②３６協定の両当事者である使用者と労働者の範囲と管理監督者の範囲は明確な関連性はなく、「管理監督者」は「使用者」と同義語ではないこと、③管理監督者を従業員代表から

除外したのは、あくまでも、労働時間等の法的な適用を除外されている者が３６協定の従業員代表となることが適当でないという理由であり、従業員代表として使用者側に属する者がなるべきではないという趣旨ではないこと等から考えますと、労基法上の管理監督者でない管理職が使用者として３６協定に署名することに問題はないものと考えられます。

▶特別条項付き協定

No.13 [相談票]
協定した時間外労働の時間の限度を超えてしまう場合は

〈相談内容〉
　ソフトウェアの開発・製作をしている従業員数400名の会社です。プロジェクトの山場を迎える時期や、システムのメンテナンス、トラブル対応など業務の性質上、残業や休日出勤が避けられず、３６協定の延長時間の限度時間めいいっぱいの残業でも間に合いません。
　どうしても限度時間を超えて残業や休日出勤しなければならない場合に、法律違反とならない例外的な取扱いは認められないのでしょうか。

ポイント！
　３６協定の限度時間を超えてさらに時間外労働をさせなければならない場合は、臨時的な「特別の事情」がある場合に限り、労使で特別条項付き協定を締結し、限度時間を超えて時間外労働をさせることが認められています。
　特別条項付き協定には、限度時間を超える時間・回数、「特別の事情」の具体的な内容、限度時間を超える時間外労働に対して支払う割増賃金率（25％を超える率で定めるように努める）等を定めます。
　ただし、あくまでも例外的な措置ですから、安易に特別条項を発動させるのではなく、時間外労働そのものを削減するよう、業務の見直しなど労使で取り組んでいくことが重要です。

３６協定で労働時間を延長できる限度

　時間外労働・休日労働をさせる場合は、過半数労働組合（これがない場合は過半数代表者）との間で労使協定（３６協定）を締結し、所轄労基署へ届け出なければなりません（労基法36条）。３６協定で定める労働時間の延長時間（時間外労働時間）には、厚生労働大臣の告示で限度時間が設けられており（「労働基準法第36条第１項の協定で定める労働時間の延長の限度等に関する基準」平10.12.28労働省告示154号。以下「限度基準」といいます。次表参照）、原則として、この基準に定められている一定期間ごとの限度時間を超えて時間外労働をさせることはできません。

◆３６協定で労働時間を延長することができる限度時間◆
　　　（　）内は３カ月を超える期間を対象とする１年単位の変形労働時間制の場合

１週間	２週間	４週間	１カ月	２カ月	３カ月	１年間
15時間 （14時間）	27時間 （25時間）	43時間 （40時間）	45時間 （42時間）	81時間 （75時間）	120時間 （110時間）	360時間 （320時間）

特別条項付き協定

　しかし、上記限度基準には一定要件の下で例外が認められており、限度時間を超えてさらに労働時間を延長しなければならない「特別の事情」が生じた場合に限って、労使間で定める手続きを経て、一定の時間（特別延長時間）まで労働時間を延長する旨を協定することが認められています（一般に「特別条項付き協定」といわれます。）。

　ただし、特別条項付き協定は、本来緊急・臨時に行うべき時間外労働の限度時間をさらに延長することを認めるわけですから、例外中の例外です。これが認められる「特別の事情」とは、「臨時的なもの」である場合に限られ、単に「業務上やむを得ないとき」、「会社が必要と認めるとき」というだけでは認められません。例えば、予算、決算

業務、納期のひっ迫、機械のトラブルへの対応といった具体的な理由が必要です。

特別条項付き協定で定める事項

特別条項付き協定とする場合は、次の事項を労使で定めた上、36協定届の欄外の余白に付記するか、特別条項の内容を別紙として36協定届に添付して所轄労基署へ届け出ます。

また、特別条項付き協定で定める事項のうち、限度時間を超える時間外労働についての割増賃金率は、労基法の改正（平成22年4月施行）に伴い、限度基準が改正され、協定事項として追加されたものです。この割増賃金率は、25％を超える率で定めることが努力義務として労使に課されています。

◆特別条項付き協定で定める事項◆

① 原則としての延長時間（限度時間以内の時間）
② 限度時間を超えて労働時間を延長しなければならない特別の事情
③ 限度時間以内の時間を延長する場合に労使がとる手続き
④ 限度時間を超える一定の時間
⑤ 限度時間を超えることのできる回数
⑥ 限度時間を超える時間外労働に関する割増賃金率（(a)1日超〜3カ月以内の期間、(b)1年間についてそれぞれ定める。この率は25％を超える率で定めるように努める。）

時間外労働の削減

特別条項付き協定を締結して法律上は適法に時間外労働をさせているとしても、限度時間を超える時間外労働をさせることになるわけですから、従業員の心身の健康の保持という点からは、長時間労働による悪影響が懸念されます。No.29でも触れていますが、過重労働に

よる脳・心臓疾患等の発症（過労死）に関する労災認定基準によれば、月の時間外・休日労働時間数が80時間を超えれば、発症のリスクは高いとみられます。限度基準でも、限度時間を超える時間外労働をできる限り短くするように労使で努めるべきことが明記されています（同基準3条2項）。

　業務の見直しや要員配置の適正化などの効率の良い業務の進め方を労使で検討し、時間外労働そのものを削減する取組みも併せて行うことが重要です。

▶生活残業

> **相談票**
>
> No.14
> ## 生活のためにもっと残業がしたいという従業員
>
> 〈相談内容〉
>
> 　平成22年4月に施行された改正労基法も踏まえ、長時間労働の傾向にあった当社でも、その削減に取り組み、社内では時間外労働は月60時間以内に抑えるよう指示しています。
>
> 　ところが、従業員の中には、「子どもも生まれたばかりで、月々の給料では生活が苦しく、月に100時間の残業と2回くらいの休日出勤ができればよい」という声もありました。確かに業務状況も、所定時間内でこなすには困難な面もありますが、かといって安易に残業させたり、特定の者だけに例外を認めるのは問題だと思います。このような場合は、どのように対処したらよいでしょうか。

ポイント！　生活費の補てんのために残業代を稼ぐいわゆる「生活残業」と呼ばれているものが行われている環境は、従業員はもちろん、会社にとっても好ましいものではありません。

　特に、月100時間の残業に休日出勤2回の勤務状況では、明日にでも心身の不調をきたし兼ねません。そうなっては、本人の健康問題だけでなく、会社にとっても大きな損失となります。

　こうした恒常的な長時間残業を抑制するために、月60時間を超えた残業の割増賃金率を25％から50％に引き上げるなどの見直しをした改正労基法が、平成22年4月1日から施行されています。

　これらを踏まえて、そもそも残業がなければ生活していけないほどの低い賃金水準なのかという点も含め、長時間残業を減少させること

について、労使でよく話し合って、改善策を検討すべきでしょう。

残業の性格

　労働時間は、週40時間、1日8時間が大原則であって（労基法32条）、残業は、臨時的かつ緊急やむを得ない場合に行う性格のものです。会社は、労基法36条に基づき、従業員代表と労使協定（３６協定）を締結し、これを所轄労基署に提出し、就業規則等に残業を命ずることがある旨を定めていることを前提として、協定した時間の範囲で残業を命ずることができます。

　残業は、基本的には会社が業務上の必要を判断して命ずるものですが、本来、緊急・臨時にやむを得ない場合にのみ残業を命ずるべきですし、また、従業員は会社の残業命令があってはじめて残業することになります。

　ただし、会社が直接残業を命じていなくても、所定労働時間内で終わらないような業務を指示し、事実上残業せざるを得ないような場合には、会社が残業を命じたものとみられる場合もありますし、従業員が自発的に残業した場合であっても、会社がこれを黙認しているような場合には、その残業について時間外労働の割増賃金を支払う義務が生じます。

生活残業と問題の所在

　ご相談のように、生活費の補てんのために残業し、時間外労働手当を得るようなケースも少なくありません。いわゆる「生活残業」と呼ばれるものです。

　しかし、前記のとおり、残業は、緊急・臨時の必要があってやむを得ない場合に行われるべきものであって、時間外労働手当を稼いで生活の足しにするようなことは、本来の趣旨ではありません。

こうした働き方は、従業員からすれば経済的には確かに一定のメリットがあるかもしれませんが、半面、生活が仕事一辺倒となり、家族や自分自身、そして地域社会などとかかわることを犠牲にする生き方となり、決して望ましい働き方とはいえません。とりわけ、ご相談の従業員の方が言っておられるように、月100時間残業をして休日も2回出勤するような仕事の仕方は、いわゆる「過労死の認定基準」（「脳血管疾患及び虚血性心疾患等（負傷に起因するものを除く。）の認定基準について」平13.12.12基発1063号）で脳・心臓疾患の発症のリスクが高いとされる時間外労働である月80時間の水準を上回っていることから考えても、心身の健康に悪影響を及ぼすおそれがあります。
　一方、会社にとっても、労働時間ばかりが長く、残業代がかさむなど時間当たりの労働生産性が低いままの状態を放置することになりますし、また、疲労から従業員の仕事に対するモチベーションが低下するほか、過重労働により心身の健康を害した従業員が休職・退職するような事態になれば、重要な人材が失われる損失を被ることにもなるのです。

◉◉◉　残業を削減する対策

　残業をしようとする従業員の動機が、時間外労働手当で生活費の不足を補おうとするものであるとすれば、1つには、そもそも賃金水準が残業しなければ家族で生活できないほど低水準なのか否かを改めて検討することも必要です。
　賃金額は、最低賃金を下回らない限り、労使の合意により決定されるべきものですが、同種の業種・業務、地域などのいわゆる世間相場などを参考にすることも考えられます。
　また、残業を削減するには、業務が所定労働時間内で処理できる仕事の量・配分となっているか否かという観点から、業務の見直しや仕事の効率的な進め方、人員の適正配置、要員数の調整などを検討する

必要があります。

　そして、「残業が当たり前」といった管理職や従業員の意識を改め、時間当たりの生産性を高める意識を持たせることが重要です。さらに、仕事を効率的に処理することで残業が減って生産性が上がったのに、その成果が従業員に還元されなければ、仕事を効率的に処理することに従業員の協力も得られにくくなりますし、従業員の志気も低下して元の非効率な職場に戻ってしまうことにもなりかねませんので、成果配分をどのようにするかという点も併せて考える必要があります。これらの点について労使でよく話し合って、その改善策を見出すことが重要です。

　なお、収入の減少等を理由に従業員側が反対したとしても、会社側が長時間の残業を削減する対策として従業員側に協力を求めることは、一般的には合理性があると認められ、裁判例（「ヤマト運輸（パート社員）事件」平19.1.29東京地裁判決）でも、複数就業（マルチジョブホルダー）で、1カ月350時間に及ぶ長時間労働をしていた従業員に対し、使用者が長時間労働を短縮するように求め、従業員がこれを受け入れなかったことを理由とする雇止めは有効と判断しています。同判決は、長時間労働が、健康被害や何らかの労災事故に及ぶ可能性も否定できないとしています。

▶育児支援とワーク・ライフ・バランス

No. 15　　　　　　　　　相談票

男性の育児休業の取得を促進するには

〈相談内容〉

● 当社では、女性については育児休業の取得実績が8割を超えており、社内の制度として定着してきていますが、男性についてはまだ取得実績がありません。一応制度的には男性も取得可能となっていますが、なかなか申し出る男性従業員がおらず、人事部内では少しでも男性が育児休業を取得しやすいように制度・運用の見直しを検討しようとしているところです。

● また、育児・介護休業法が改正されて、育児支援のために会社が実施すべき義務の範囲も広くなったと聞いていますが、法改正の内容も踏まえた制度設計や男性の育児参加支援を進めるための留意点やポイントなど教えてください。

ポイント！

　育児休業、介護休業等育児又は家族介護を行う労働者の福祉に関する法律（以下「育児・介護休業法」といいます。）の改正により、男性の育児休業の取得促進を目的とした育児休業の再取得、パパ・ママ育休プラスの特例、短時間勤務の導入、所定外労働の制限など子育て期の働き方の見直しがされています。

　ワーク・ライフ・バランスの推進という観点からは、育児・介護休業法の内容を踏まえた制度設計と同時に、男性が利用しやすい運用の仕組み、環境づくり、家庭責任を果たせる時間を確保するための所定外労働の削減、年休の取得促進、業務の見直しなどに取り組むことが重要です。

ワーク・ライフ・バランス推進の重要性

　少子高齢化が急速に進み、今後労働力人口が減少していく中で、女性などの社会進出を進めると同時に、子育てや親の介護をしながら働き続けられる環境を整備していくことが重要な課題の１つとなっています。

　国も平成19年12月に「仕事と生活の調和（ワーク・ライフ・バランス）憲章」及び「仕事と生活の調和推進のための行動指針」（平19.12.18仕事と生活の調和推進官民トップ会議決定。平22.6.29改正）を策定するなどによって、国民的課題として取組みを推進しています。

　この課題は、企業にとっても同様にいえることで、人材の確保が困難になっていく一方、企業内で育成された優秀な人材の流出を防ぐという観点、あるいは企業内で底上げして全体の生産性を高めるという観点からも、従業員が働き続けられる環境をつくることは重要なことです。また、多かれ少なかれ、誰しも長い職業生活の過程で、結婚、出産、子育て、親の介護といった局面に遭遇するわけですから、そのような事情を抱える従業員が退職することなく、仕事と家庭生活との両立ができるように働き方を見直すことは、企業としても避けては通れないでしょう。

　このように、仕事も生活も充実できるような働き方を推進しようというのが「仕事と生活の調和＝ワーク・ライフ・バランス」という考え方です。ワーク・ライフ・バランスの重要な要素の１つは「時間」です。

　例えば、所定外労働を削減したり、年休の取得を促進するなどにより、仕事にかかる時間だけではなく、それ以外の生活（家庭、自己啓発、地域活動等への参加、個人の趣味、健康維持のための休息等）にかかる時間も確保できるよう、働き方を工夫し、見直すことが基本となります。

　また、ご相談のように、育児支援もまた、ワーク・ライフ・バラン

スの重要な側面です。以下では、ご相談の趣旨に沿って、会社が行うべき男性の育児支援措置やその運用上の留意点、ポイントについて説明しましょう。

育介法の改正による育児支援措置の拡充

全体として、女性の育児休業取得率は9割に達している（90.6％。厚生労働省「雇用均等基本調査」平成20年）ものの、女性にとって育児休業後の職場復帰や、その後子育てしながら働くことはまだまだ負担が大きいのが現状です。一方、男性の育児休業取得率は徐々に上がってきてはいますが、平成20年の前記調査では1.23％にとどまっています。近年では共働き世帯が増えていますが、育児や家事は女性だけではなく、男性の協力が必要不可欠となりますので、女性だけではなく男性の働き方も含めて見直しの必要性が認識されています。

平成21年の育児・介護休業法の改正（主な育児支援措置については平成22年6月30日施行）では、子育て期間中のより柔軟な働き方を可能とし、男性の育児休業の取得を促進するため各種制度が見直されました。

◆育児・介護休業法の改正概要（育児関連）◆

	項　目	概　　要
男性の育児休業の取得促進	育児休業再取得の要件緩和	①配偶者の出産後8週間以内に育児休業を取得した場合は、特別の事情がなくても再取得できる。
		②子の傷病・障害で世話が必要な場合や、保育所に入れない場合でも、育児休業を再取得できる。
	専業主婦（夫）除外規定の削除	配偶者が専業主婦（夫）や育児休業中の場合でも、労使協定で休業の対象から除外することはできない。
	パパ・ママ育休プラスの特例	父母ともに育児休業をする場合は、子が1歳2カ月になるまでの間、父母それぞれ1年間育児休業を取得できる。

子育て期の働き方	短時間勤務制度の導入義務※	事業主は、3歳未満の子を養育する従業員が申し出た場合に利用できる短時間勤務制度を設けなければならない。
	所定外労働の免除義務※	事業主は、3歳未満の子を養育する従業員から請求があった場合は、所定外労働をさせてはならない。
	看護休暇	対象となる子が1人の場合は年5日、2人以上の場合は年10日まで取得できる。
	時間外労働の制限に関する専業主婦（夫）除外規定の削除	配偶者が専業主婦（夫）や育児休業中の場合でも、時間外労働の制限措置を請求することができる。
その他		■介護休暇の創設（平成22年6月30日施行、中小企業は平成24年7月1日から適用） ■紛争解決援助制度の創設（平成21年9月30日施行、調停制度は平成22年4月1日施行）

※は従業員数100人以下の中小企業について平成24年7月1日から適用

育児・介護休業法上の男性の育児休業の取得促進措置

(1)育児休業の再取得

　育児休業は、原則として子が1歳になるまで同じ子について1回のみ取得できます。ただし、配偶者の死亡、負傷・疾病・障害により子の養育が困難となったとき、離婚等により配偶者が子と同居しないこととなったときなど「特別の事情」がある場合には、育児休業を再度取得することが認められています（育児・介護休業法5条2項）。

　今回の改正ではさらに、子が負傷、疾病、身体上・精神上の障害により2週間以上世話を必要とする状態となった場合や、保育所に希望しても入れない場合も「特別の事情」に該当するものとして、育児休業を再取得することができるようになりました。

　また、配偶者の出産後8週間以内に育児休業を取得した場合は、上記の「特別の事情」がなくても再度育児休業を取得できます。これは、妻の産後の付添いや家事等のために夫が妻の出産後8週間以

内の間に休業をした場合（「パパ休暇」と呼ばれます。）に、この休業を「育児休業」にはカウントしないで、それ以降も育児休業を取得できるようにしたもので、男性の育児休業の取得促進を図るものです。

(2) 専業主婦（夫）除外規定の削除

　従来は、配偶者が専業主婦（夫）や育児休業中の者について、労使協定で休業の対象から除外することが認められていましたが、改正により、育児・介護休業法からこの規定を削除し、このような者も労使協定で対象外とはせずに、申し出れば育児休業をすることができることとされました。

(3) パパ・ママ育休プラスの特例

　育児休業の期間は、子が1歳（保育所に入所できないなどの事情がある場合は1歳6カ月）になるまでの期間で取得するのが原則です。

　育児休業は、法制度上、男性も女性も取得できますが、実際には男性が取得するケースは大変少ないため、男性の取得促進を目的として、父母ともに育児休業を取得する場合に、取得可能期間を子が

◆パパ・ママ育休プラスの例◆

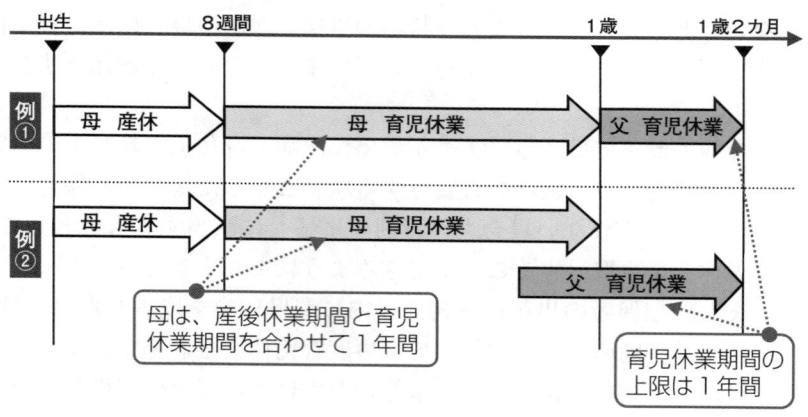

	出生	8週間		1歳	1歳2カ月
例①	母 産休		母 育児休業		父 育児休業
例②	母 産休		母 育児休業		父 育児休業	

母は、産後休業期間と育児休業期間を合わせて1年間

育児休業期間の上限は1年間

1歳2カ月になるまでの期間に延長する特例を認めたものです。この場合、男性も女性も、子が1歳2カ月になるまでの期間の範囲でそれぞれ1年まで育児休業を取得できます。

基本的な取得パターンとしては、父母が交替で休業を取得するケースや、父母の休業する期間が一定期間重なるケースがあります。これにより、家事・子育てを父母で分担したり、子育ての時間を共有したりすることができる点でメリットがあります。

この特例を受けるためには、「配偶者が子の1歳到達日以前のいずれかの日において育児休業をしていること」が必要です。ただし、本人の育児休業開始予定日が、①子の1歳到達日の翌日より後である場合、②配偶者がしている育児休業の初日より前である場合は、対象になりません。

男性の育児参加支援のための運用・環境づくり

以上のような育児・介護休業法に定める措置を講じることに加えて、実際に男性も育児休業等を利用しやすい仕組みを企業内でつくることが重要です。

男性の場合、育児休業を取得することに抵抗感がある場合も少なくありません。例えば、「仕事が忙しい」、「職場に迷惑がかかる」、「休業中の経済的な不安がある」、「育児休業を取得することでその後の昇進・昇格や査定に影響するのではないか」といったことなどが、男性が育児休業を取得しづらい理由に挙げられます。

以下に、男性の育児参加支援に取り組んでいる事例などから、運用上のポイントや男性も育児休業等を利用しやすい環境づくりのポイントなどをまとめておきます。

また、厚生労働省の男性の育児参加支援サイト「イクメンプロジェクト」(http://www.ikumen-project.jp/index.html)にも、企業の取組み事例や育児休業を取得した体験者の声などが掲載されていますので、併せてご参考ください。

◆男性の育児参加支援を進める留意点・ポイント◆

①会社として取り組む姿勢を示す(経営トップのリーダーシップ)
②取組みを進める際に、自社の現状を把握し、問題点を探る
③男性が育児参加しやすい職場の雰囲気をつくる(意識改革)
④要員、業務量を調整する
⑤人事評価・査定方法を工夫する
⑥従業員へ情報を提供する、相談窓口を設ける

▶待機時間と賃金

> 相談票
>
> No. 16
> ## 就業時間終了後のポケベルの携帯は
>
> 〈相談内容〉
>
> 　当病院では、勤務終了後も、緊急患者の対応のため医師にポケットベルを持たせ、自宅、あるいは病院から30分以内のところに居るように指示しています。もちろん、急患が入ることも往々にしてありますので、事実上飲酒も控えざるを得ません。
> 　先日、労働組合を通じて、このような指示は業務命令であり、待機時間に対する手当を支払うべきだとの要求がありました。勤務時間の終了後のことですし、人命に関わる職業柄やむを得ない面もありますので、業務命令とはいえない気もしますが、どのように考えるべきでしょうか。

ポイント！

　業務に関して、いつでも登院できるような場所での待機の指示は、業務命令と判断されますので、待機時間について賃金の支払義務が生じます。ただし、待機している時間は、賃金の算定の対象となる通常の業務とは異なりますので、特別の手当をもって対応しても違法とはいえません。

　また、待機することが業務命令とは異なる単なる依頼に過ぎず、拒否しても何ら不利益が課されない場合は、使用者（病院）による指揮命令下にあるとはいえず、待機の指示に従うことを強制されないことから労働時間性はなく、その時間について賃金の支払義務はありません。

業務命令による待機時間か否か

ご相談の場合、医師として病院に雇用されていますので、病院との間に労働契約が締結され、その契約に基づき、労働者（医師）は労務を提供し使用者（病院）は賃金を支払うことになります。

従事すべき業務の内容は重要な労働条件の1つとして、労働契約あるいは就業規則にあらかじめ明示されている範囲を基本とすべきですが（労基法15条1項、89条）、実際の多くの労働関係では、業務の範囲をそれほど厳密に規定することは難しいため、職種あるいは役職を示して、それに関する業務を、その周辺の業務も含めて包括的に従事させることになります。

医師が診療に備えて待機している必要がある場合に、使用者あるいは上司から待機の指示が出されるのであれば、当該指示は、通常業務命令と判断して差し支えないものと思われます。

ただ、すでに説明したとおり、業務の内容は本来労働契約で決めるべきもの（労使の合意によるべきもの）ですので、業務の範囲内かどうか必ずしも明確でない仕事は、事前に話し合いで業務とするかどうかを明確にしておくべきでしょう。通常の勤務時間内ですと、使用者あるいは上司の業務に関係する命令であれば、業務命令として幅広く捉えても問題は生じないと思いますが、ご相談のように、勤務時間外に、通常の医師としての業務とは異なる「待機」の指示が出された場合は、その待機を業務とするかどうかについては、その指示の性格、内容によると考えられます。

待機時間の労働時間性に関する裁判例

医師の自宅での待機に係る裁判例に、奈良県（医師時間外手当）事件（平21.4.22奈良地裁判決。控訴審の大阪高裁判決（平22.11.16）によって支持）があります。県立病院の産婦人科の医師が、急患等に備えて、医師同士の取り決めで、自主的に「宅直」当番を決めて、宿

日直の医師だけでは対応が困難な場合に、宅直医師が病院に駆け付けることとしていた事案です。同判決は、この事案における宅直は、病院がこれを命じていたことを示す証拠はなく、当番の医師は自宅にいることが多いが、これも事実上のものであり、宅直勤務時間は、労働者が使用者の指揮命令下に置かれている時間であるとはいえないことから、宅直勤務の時間は割増賃金を請求できる労働時間とはいえないとしました。

また、大道工業事件（平20.3.27東京地裁判決）は、ガス配管工事請負会社に雇用され、ガス漏出時の修理業務等に従事していた修理工について、会社が設置した寮への入寮及びシフトの担当時間帯を定めて実作業がない時間帯も寮での待機を余儀なくされていた事案です。同判決は、シフト担当時間帯は、修理依頼に応じて労務提供の可能性を内包する時間帯であったと認定の上、24時間シフトであっても実稼働時間が占める割合は少なく、出動も1日1回以下であったことから、不活動時間帯の活動・行動様式は、通勤労働者が自宅で過ごすのとさほど異ならず、高度に労働から解放されていたとして、いわゆる呼び出し待機のような抽象的な場所的・時間的拘束に類するものといえ、手待ち時間と同種のものと評価することは難しいとしています。

労基法上の労働時間といえるか否かの判断基準については、「労働者の行為が使用者の指揮命令下に置かれたものと評価することができるか否かにより客観的に定まるものであって、労働契約、就業規則、労働協約等の定めのいかんにより決定されるべきものではないと解するのが相当である。」という最高裁の判断が示されています（「三菱重工長崎造船所事件」平12.3.9最高裁第一小法廷判決。2巻No.18参照）。

賃金の算定の考え方

ご相談の「待機」が業務の範囲と判断されれば、その業務に対する報酬として賃金を支払わなければなりません。したがって、ポケベル

の呼び出しに応じて病院へいつでも戻らなければならないように強制されており、拒否すれば業務命令違反として何らかの不利益が課されるというような場合であれば、その時間は労働時間として賃金の支払義務があります。逆に、そのような性格等の業務命令ではない単なる依頼にとどまるものである場合には労働時間とは捉えられず、賃金を支払う必要はありません。

また、「待機」が業務と判断された場合、この時間について、必ずしも労働契約で決められた通常の基本的な賃金あるいは、これに基づく割増賃金を支払わなければならないわけではありません。

労働契約は、賃金は医師としての通常の業務に対して支払われるものとして締結されるものと考えられますので、診療や治療などの医師の業務とは態様の異なる「待機」について別の手当を定めて支払うことは不合理とはいえません。もちろん、「待機」時間に緊急の呼び出しがかかり、医師本来の業務を行った場合には、その時間については通常の賃金の算定（時間外労働となれば所定の割増賃金）による支払義務が生じることはいうまでもありません。

なお、呼び出し待機については、労基法41条3号の宿直勤務の際に支払われるのと同等の手当を支給する例もあるようですが、賃金は、あくまでも、労使の合意により支払われるべきものですので、「待機時間」についても、医師の通常の業務の範囲として通常の賃金を支払う合意がある場合には、その合意に基づき、通常の算定方法による賃金及び割増賃金の支払義務が生じます。

▶時間単位・半日単位の年休

> 相談票
>
> No.17
> ● **年休を時間単位・半日単位で与える場合は**
>
> 〈相談内容〉
> 　年休を時間単位、あるいは午前・午後の半日単位で付与することを検討しています。
> 　家庭を持っている従業員も多く、所用を済ませるのに必要な時間を柔軟に年休で取得できるようにしてほしいという従業員からのニーズも強く出ています。
> ● 　時間単位あるいは半日単位での年休を導入するときの法的な規制や留意点について教えてください。

ポイント！　年休は、各従業員が請求した時季に1日単位で与えることが原則です。ただし、労使間で必要事項を協定すれば、年5日を限度として時間単位で年休を与えることができます。また、従業員の希望に応じて使用者が容認すれば、半日単位で年休を与えることが可能です。

　時間単位・半日単位で年休を付与する場合は、就業規則にもその旨規定しておくことが必要です。

　さらに、時間単位・半日単位の年休は、あくまでも従業員の希望があることが前提ですから、使用者の都合で時間単位・半日単位の年休を強制するなど1日単位での取得を阻害するようなことにならないよう注意が必要です。

年休の原則と時間単位年休の趣旨

　労基法39条で規定された年休は1日単位で与えることが原則です。

それは制度の趣旨が従業員の疲労回復、労働力の維持培養にあることから、短時間の細切れ休暇になることを避けることにあります。

そのような中、平成22年4月1日から施行されている改正労基法では、平均して年休の取得率が5割を下回っている現状（46.7％。厚生労働省「平成20年就労条件総合調査」）から、年休の取得促進を図るため、一定要件の下で、例外として時間単位での年休の取得（以下「時間単位年休」といいます。）が認められるようになりました（39条4項）。

これにより、例えば、「私生活上の理由や業務の繁忙など個々の状況に応じて柔軟に年休を取得したい」、「業務が忙しいときに1日休むのは抵抗があるが、数時間なら休みやすい」、「子育て・介護など家庭の事情との両立が容易になる」など多様な従業員のニーズに柔軟に対応できることが期待されます。

時間単位年休の導入要件

時間単位年休は、事業場の従業員の過半数で組織される労働組合（過半数労働組合）、これがなければ事業場の従業員の過半数を代表する者（過半数代表者）との間で、以下の事項を協定で定めれば導入することができます（なお、この協定は所轄労基署へ届け出る必要はありません。）。

(1) **時間単位年休を与えることができる従業員の範囲**

時間単位年休の取得に際しては、事業の正常な運営との調整の必要性から、例えば、一斉に作業を行うことが必要とされる業務に従事する従業員等にはなじまないことが考えられることから、労使協定で時間単位年休の対象従業員の範囲を定めることとしています。したがって、全従業員を対象とする労使協定も締結可能です。

なお、年休の利用目的により従業員の範囲を限定することはできません。

(2) 時間単位年休の日数

　労基法では時間単位年休の日数は年5日以内とされていることから、この範囲で協定を結ぶこととなります。そして、次年度の時間単位年休の日数は前年度からの繰越分も含め5日以内とする必要があります。

　また、パートタイマー（1週間の所定労働時間等が通常の労働者より相当程度短い者等）のように法定年休の日数が5日に満たない者については、労使協定でその範囲内の日数とすることになります。

　なお、法定を上回る年休については、時間単位年休とすることに制約はありません。

(3) 時間単位年休1日の時間数

　1日分の年休が何時間分の時間単位年休に相当するのかを協定することとなりますが、所定労働時間数に1時間に満たない時間数がある場合、従業員に不利益とならないようにするとの観点から、1時間に満たない時間数については時間単位に切り上げる必要があります。

　「1日の所定労働時間数」については、日によって所定労働時間数が異なる場合には1年間における1日平均所定労働時間数となり、1年間における総所定労働時間数が決まっていない場合には所定労働時間数が決まっている期間における1日平均所定労働時間数となります。

(4) 1時間以外の時間を単位とする場合の時間数

　2時間や3時間というように、1時間以外の時間を単位として時間単位年休を与える場合には、その時間数を定める必要があります。ただし、1日の所定労働時間数と同じか、これを上回る時間数を時間単位年休の単位とすることはできません。なお、1日の年休を取得する場合には、原則として時間単位ではなく日単位で取得することとなります。

時間単位年休に関する留意点

時間単位年休の取扱いについては、次の点に留意する必要があります。

(1) 従業員の希望が前提

時間単位年休は、あくまでも1日単位の取得を原則とする年休制度の趣旨からすれば、従業員が取得を希望している場合に認められる例外的な取扱いです。

したがって、時間単位年休を労使協定によって導入したからといって、従業員は必ず時間単位で取得しなければならないものではなく、1日単位で取得するか、時間単位で取得するかは、個々の従業員の選択によります。例えば、従業員が1日単位で年休の取得を請求しているのに、「業務が忙しいから○時間で会社へ戻ってくるように」などのように、使用者が時間単位での取得を強制することはできません。

(2) 時季変更権との関係

時間単位年休についても、使用者の時季変更権の対象となります。しかし、従業員が時間単位での取得を希望した場合に日単位に変更することや、その逆に変更することは、時季変更には当たらないことから認められませんし、あらかじめ時間単位年休が取得できない時間帯を定めておくことや、1日に取得することができる時間数を制限することなども認められません。

(3) 計画的付与との関係

時間単位年休は、従業員が請求した時季に与えるものであり、計画的付与として時間単位年休を与えることは認められません。

(4) 時間単位年休に対して支払われる賃金

時間単位年休として与えた時間については、平均賃金もしくは所

定労働時間労働した場合に支払われる通常の賃金の額をその日の所定労働時間数で除して得た額の賃金、または標準報酬日額をその日の所定労働時間数で除して得た金額を、取得した時間数に応じて支払わなければなりません。

なお、「平均賃金」、「通常の賃金」、「標準報酬日額」のいずれを基準とするかについては、日単位による取得の場合と同様の取扱いとする必要があります。

半日単位の年休

年休は、例えば午前・午後のように半日単位で与えることも、一定の場合に認められています。半日単位の年休については、時間単位年休のように労使協定を締結する必要はありませんが、行政解釈では、「年次有給休暇の半日単位での付与については、労働者がその取得を希望して時季を指定し、これに使用者が同意した場合であって、本来の取得方法による休暇取得の阻害とならない範囲で適切に運用される限り問題がない」(平7.7.27基監発33号)とされています。つまり、従業員の希望があって、これに使用者が同意した場合で、かつ、1労働日単位とする本来の取得方法による年休を取得することを阻害しない範囲内で認められるものです。

なお、法定を上回る日数を付与した場合の上回る日数分については、労基法の制限はありません。

就業規則への記載

時間単位・半日単位の年休を導入する場合には、これらは「休暇」に関する事項ですので、就業規則の絶対的必要記載事項に該当します(労基法89条1号)。したがって、年休を時間単位あるいは半日単位で取得できること、時間単位年休・半日単位の年休の取扱い等制度の内容を就業規則に規定する必要があります。

▶勤務時間・勤務日が異なる場合の年休

> 相談票
>
> No.18
> **各日の勤務時間及び各週の勤務日が異なる**
> **パートタイマーの年休は**
>
> 〈相談内容〉
> 　時間給のパートタイマーについてですが、本人の都合で毎週の勤務日と勤務時間が異なります。そのような従業員の年休はどのように与えたらよいでしょうか。
> 　また、そのような従業員が年休を取った場合の賃金はどのように計算するのでしょうか。

ポイント！　毎週の勤務日や日ごとの勤務時間が異なっている場合も、実際に勤務日や勤務時間が決まった時点で、それが所定労働日、所定労働時間と解されますので、その所定労働日及び所定労働時間に基づいて年休を付与することになります。

　年休を取得した日の賃金は、平均賃金あるいはその日の所定労働時間分の賃金を支払うことになります。

所定労働日と所定労働時間

　始業・終業時刻及び休憩・休日は、重要な労働条件の1つとして、労働契約締結の際に書面の交付により明示する義務（労基法15条）がある事項であると同時に、就業規則に記載しなければならない（労基法89条）事項です。これにより、所定労働日及び所定労働時間が定まることになります。

　従業員の勤務形態、職種などによって始業・終業の時刻が異なる場合は、就業規則に勤務態様、職種の別ごとに始業・終業の時刻を規定

しなければなりません。つまり、勤務形態ごとあるいは職種ごとの所定労働日と所定労働時間があることになります。

また、個々の従業員ごとに始業・終業時刻が異なっていて、始業・終業の時刻を画一的に定められない場合には、基本となる始業・終業時刻及び勤務日（休日）を定めるとともに、具体的には個別の労働契約で定める旨の委任規定を置きます。この場合は、個別契約で定められた始業・終業時刻及び勤務日により、個々の従業員ごとの所定労働日と所定労働時間が決まることとなります。

ところで、ご相談のように、本人の都合等により、毎週の勤務日や勤務時間が異なっている（そのような勤務形態を認めている）ということは、事前に定型的な勤務日や勤務時間が一律に決められていないことになり、前記の労働条件の明示や就業規則の記載事項の法的な要件を満たせない可能性があります。そこで、このような勤務が法的に認められるためには、就業規則等あるいは労働条件通知書に、基本的な勤務日や勤務時間を定型的（所定労働日、所定労働時間）に定め、一旦定められた所定労働日や所定労働時間を、従業員の同意を得て（希望に沿って）随時、事実上変更している（個人の都合による任意の労働日と労働時間を認めているということは、所定労働日と所定労働時間を随時変更しているものとみなすことになる）と考えるほかはありません。

● 年休の権利取得の要件と年休付与日数

年休の権利を取得するためには、入社後 6 カ月間（それ以降は 1 年間ごと）の全労働日の 8 割以上出勤することが必要となります（労基法39条1項）。この労働日とは、労働契約上労働義務の課せられた日のことで、前項で説明した所定労働日のことです。ご相談の場合は、所定労働日が週ごとに変わっているかもしれませんが、事実上変更された後の実際の労働日を所定労働日として計算するのが正確な処理となると思われます。

また、年休の付与日数は、週の所定労働時間が30時間未満の短時間労働者（パートタイマー）の場合は、1週間あるいは1年間の所定労働日数により決まりますが、この場合の週の所定労働時間は、算定期間中の週平均の実際の所定労働時間（事実上変更された後の週平均の所定労働時間）、1年間の所定労働日数は、1年間の実際の所定労働日数（事実上変更された後の1年間の所定労働日数）で決まることになります。なお、ご相談の場合は、週ごとに所定労働日数が異なり、定型的な1週間の労働日は定められていませんので、短時間労働者に該当した場合の年休の付与日数は、1年間の労働日数を基準として算定することになります。

◆年休の付与日数◆

〔所定労働日数が週5日以上または年間217日以上の従業員、及び週所定労働時間が30時間以上の従業員〕

勤続年数	6カ月	1年6カ月	2年6カ月	3年6カ月	4年6カ月	5年6カ月	6年6カ月以上
付与日数	10日	11日	12日	14日	16日	18日	20日

〔所定労働日数が週4日以下または年間216日以下の従業員で、かつ週所定労働時間が30時間未満の従業員〕

週所定労働日数	年間所定労働日数※	勤続年数						
		6カ月	1年6カ月	2年6カ月	3年6カ月	4年6カ月	5年6カ月	6年6カ月以上
4日	169日～216日	7日	8日	9日	10日	12日	13日	15日
3日	121日～168日	5日	6日	6日	8日	9日	10日	11日
2日	73日～120日	3日	4日	4日	5日	6日	6日	7日
1日	48日～72日	1日	2日	2日	2日	3日	3日	3日

※週以外の期間によって労働日数が定められている場合

年休に対して支払うべき賃金

　ご相談にある条件で実際に年休を取った場合、何時間分の賃金を支払うべきかということが問題となります。

　ご相談の場合、勤務日の労働時間が随時変動していますが、前記「所定労働日と所定労働時間」の項で説明しましたように、年休を取得した日の所定労働時間は、その日に実際に勤務する予定の時間と考えられますので、その所定労働時間（勤務予定時間）の賃金を支払うことになります。

　ご相談の場合は、「時間によって定められた賃金」に該当しますので、

「時間額」　×　「（勤務する予定だった日の）所定労働時間数」

の計算で求めることになります。

第3章

賃金に関する相談

▶見舞金

相談票

No. 19

見舞金は賃金ですか

〈相談内容〉

　従業員が体調を崩して入院し、傷病手当金を1年6カ月受給しましたが、回復せず、就業規則に認められている4年間の休職中です。この者に対して、毎月の給与は支給していませんが、6カ月ごとに見舞金を支給しています。

　お尋ねしたいのは、この見舞金の取扱いです。見舞金も、「給与」という名目で従業員の給与の口座に振り込んでいます。その際、社会保険料、雇用保険料の従業員負担分を差し引いていますが、問題があるでしょうか。

ポイント！
　労基法上「賃金」は「労働の対償として使用者が労働者に支払うすべてのもの」と定義されていますが、現実にはこの要件を満たすものかどうか、判断が困難な場合も多く、個別的に判断することになります。

　見舞金は任意的・恩恵的に支給されるものが多いようですが、支給が任意的・恩恵的になされるものは、「労働の対償」として支払われるものとはいえませんので、賃金には該当しません。

　一方、見舞金であっても、就業規則等に支給条件について規定を置き、それに基づいて支払われるときは「賃金」とみられますので、休職前の取扱いと同様、そこから社会保険料、雇用保険料を控除することができます。

労基法上の賃金の定義

労基法11条は、「賃金とは、賃金、給料、手当、賞与その他名称の如何を問わず、労働の対償として使用者が労働者の支払うすべてのものをいう。」と規定しています。この定義から、①使用者が労働者に支払うものであること、②労働の対償であることの2要件を満たすものが、労基法第11条の「賃金」であることになります。

しかし、使用者から労働者への給付はさまざまな態様があり、賃金であるか否かの判断は給付の性質・内容に照らして個別的に判断するほかありません。「労働の対償」という要件についても、行政実務上は、①任意的・恩恵的な給付であるか否か、②福利厚生であるか否か、③企業設備・業務費の一環であるか否か、という基準が用いられています。

そこで、任意的・恩恵的な給付としては、結婚祝金、病気見舞金など、従業員の個人的な吉兆禍福に際して使用者が任意的・恩恵的に支払う金銭等が挙げられますが、これらの給付であっても、労働協約、就業規則、労働契約等により、あらかじめ支給条件が明確にされており、それに従って使用者に支払義務があるものは、「労働の対償」と評価され、賃金として取り扱われます（昭22.9.13発基17号）。

見舞金が賃金に当たる場合

このように、病気見舞金は、原則として任意的・恩恵的な給付として賃金には当たりませんが、労働協約、就業規則等により、あらかじめ支給条件が明確にされており、それに従って使用者に支払義務が生じる場合には、「労働の対償」として「賃金」に当たることになります。ここで、「給与」と表示されているなど名称は問題ではありません。この場合の保険料の控除については、法令による賃金からの社会保険料、雇用保険料の控除が認められています（労基法24条1項。全額払いの原則の例外）。

ご相談の見舞金は、就業規則等で支給条件が明確にされて制度化されている場合には、見舞金が定期的に支給されていることから考えると、賃金に当たるものと考えられます。

見舞金が賃金に当たらない場合

　見舞金について就業規則などに規定がなく、任意的・恩恵的な性質のものとして給付される場合は賃金には当たりません。したがって、社会保険料、労働保険料の算定の対象とはなりませんし、また、見舞金から社会保険料、雇用保険料を控除することはできません。

参考　賃金の意義（昭22.9.13発基17号）

（一）労働者に支給される物又は利益にして、次の各号の一に該当するものは、賃金とみなすこと。
　（1）所定貨幣賃金の代りに支給するもの、即ち、その支給により貨幣賃金の減額を伴うもの
　（2）労働契約において、予め貨幣賃金の外にその支給が約束されているもの
（二）右に掲げるものであっても、次の各号の一に該当するものは、賃金とみなさないこと。
　（1）代金を徴収するもの。但しその代金が甚だしく低額なものはこの限りではない。
　（2）労働者の厚生福利施設とみなされるもの
（三）労働協約、就業規則、労働契約等によって予め支給条件が明確である場合の退職手当は法第11条の賃金であり、法第24条第2項の「臨時の賃金等」に当たる。
（四）結婚祝金、死亡弔慰金、災害見舞金等の恩恵的給付は原則として賃金とみなさないこと。但し、結婚手当等であって労働協約、就業規則、労働契約等によって予め支給条件の明確なものはこの限りでないこと。

▶賃金の決定

相談票

No. 20

中途採用者の賃金を決定するときは

〈相談内容〉

　従来、新規学卒者を採用していましたが、即戦力を求めて中途採用者を一定の割合で採用することとしました。それに伴い、中途採用者の賃金決定に際しての前歴加算について検討していますが、勤務年数を重視すべきか、年齢を重視すべきか社内で主張が対立しています。
　何か参考になる資料などはありませんか。

ポイント！　中途採用を行う場合にしばしば問題になるのが、職能の査定と賃金の決定です。在籍従業員と本人希望額との整合性がスムーズに行かないケースが多いのも企業の悩みでしょう。
　本人の希望額は、前職を基準とする「前収保障」であることが多いと思われますが、一般的には、多少の幅を持たせて各種の賃金データによる年齢別標準賃金を目安に決定するのが妥当と思われます。しかし、どうしても必要とする優秀な人材の場合は、勤務年数、年齢ではなく、能力本位で決定することも現在の賃金制度では必要でしょう。

中途採用者の賃金決定

　従業員を雇い入れ、使用者と従業員との間で労働契約を締結する際には、労働条件を両者の合意によって決定するのが原則です（労働契約法6条）。賃金額については、少なくとも最低賃金額を下回ってはならない（最賃法4条）などの法的な規制はありますが、基本的には、

労使当事者間で賃金額を決めることとなります。

　中途採用者の賃金を決定する場合に、前職での勤務年数や年齢を重視するか、能力、業績を重視するかは、その企業がどのような賃金体系をとっているかによっても異なり、通常は中途採用者の賃金も自社の賃金制度や賃金規程に従って決定されています。

　しかし、中途採用の場合、年齢や職種の経験、経歴等もさまざまですし、実際の能力レベルも入社時点では正確には把握しがたく、中途採用時の賃金決定の明確な基準が想定しにくい面があります。

　一般的には、職種、年齢、経験年数等に応じた世間相場と比較して相当かどうか、すでに在籍している従業員の賃金とかけ離れていないかどうかといった点を考慮しながら決定されているようです。

企業の賃金制度では「前歴加算」は公表されないことが多い

　中途採用者の採用時の賃金額については、賃金実態調査の一部として労働局から公表されることがあります。例えば東京労働局や大阪労働局のホームページでは、各種賃金のデータの欄で「中途採用者の採用時賃金、求人賃金」などとして、職種別賃金実態調査の結果が発表されています。また、各都道府県で賃金の実態調査を行っていますので、各都道府県のホームページなどをご覧になれば参考になるものと思われます。

　ただし、ご質問の「前歴加算」（何らかの前歴がある者の賃金を決定する際に、その者の経歴が評価される制度）については、多くの調査でも公表されることがありません。おそらく各企業でも内部では決定した基準を保有しているものの、公表はしないものと思われます。

国家公務員の場合──人事院規則から

　ご参考までに国家公務員に関する資料をみますと、人事院規則9－8別表第4として「経験年数換算表」があります。これは、経歴を次

の4つに分け、各経歴の在職（在学）期間に応じて、基本給の支給率を調整するものです。

◆経験年数換算表（人事院規則9-8別表第4）◆

経　歴		換算率
①国家公務員、地方公務員又は旧公共企業体、政府関係機関若しくは外国政府の職員としての在職期間	職員として同種の職務に従事した期間	100／100
	職員の職務とその種類が類似する職務に従事した期間	100／100以下
	その他の期間	80／100以下（部内の他の職員との均衡を著しく失する場合は、100／100以下）
②民間における企業体、団体等の職員としての在職期間	職員としての職務にその経験が直接役立つと認められる職務に従事した期間	100／100以下
	その他の期間	80／100以下
③学校又は学校に準ずる教育機関における在学期間（正規の修学年数内の期間に限る。）		100／100以下
④その他の期間	教育、医療に関する職務等特殊の知識、技術又は経験を必要とする職務に従事した期間で、その職務についての経験が職員としての職務に直接役立つと認められるもの	100／100以下
	技能、労務等の職務に従事した期間で、その職務についての経験が職員としての職務に役立つと認められるもの	50／100以下（部内の他の職員との均衡を著しく失する場合は、80／100以下）
	その他の期間	25／100以下（部内の他の職員との均衡を著しく失する場合及び教育職俸給表の適用を受ける職員に適用する場合は、50／100以下）

　以上は、あくまでも国家公務員のケースですので、参考に過ぎないことをお断りしておきます。

▶解雇期間中の賃金

No.21　［相談票］
解雇を撤回した場合、それまでの賃金を補償しなければならないのでしょうか

〈相談内容〉

従業員Aは、業務指示に従わなかったり、勤務態度に問題があり、再三注意しましたが、改善の見込みがみられないので、解雇を言い渡しました。しかし、その後本人からは何度も「解雇を言い渡されても、家族や生活もあるので困る。自分では働き続ける意思がある」と言われ、話し合いの結果、「今後の勤務態度に改善がみられなければ次は解雇だ」という条件で、1カ月後にこの者の解雇を撤回しました。

また、Aは、解雇した日から解雇を撤回するまでの期間の給与を受けることを主張していますが、この期間の給与まで会社に支払う義務があるのでしょうか。

ポイント！

使用者が解雇した従業員に対してその解雇を取り消した場合であって、解雇に合理的な理由がないときや、違法な解雇であったときには、解雇はそもそも無効と考えられ、使用者は、勤務していれば当然に支給すべき基本的な賃金を支払わなければならないものと考えられます。

一方、従業員に十分に非がある場合など解雇が有効とされる場合において、使用者の温情で解雇を取り消したときなどは、解雇が取り消されるまでの不就労期間の賃金について、使用者に支払義務はありません。

撤回と取消し

ご相談では、解雇を「撤回」したということですが、解雇期間中の身分を認めて賃金を支払うということですので、法的には、解雇を将来に向かって効力を持たせるという「撤回」ではなく、解雇の効力を解雇時点に遡って取り消して、身分は解雇時点からそのまま継続しているものとする「取消し」と考えられます。

一般に、解雇が裁判で無効とされた場合や、使用者が自ら解雇を取り消した場合などは、解雇がなかったものとして取り扱われることになります。

解雇が取り消された場合の賃金の補償

解雇は、客観的に合理的な理由を欠き、社会的に相当と認められない場合は、有効とは認められません（労働契約法16条）。ご相談の場合は、従業員Aさんの勤務態度の不良を理由とする解雇ということですが、当該解雇の有効性は、具体的な個別の事情を総合的に勘案して解雇権の濫用に当たるか否かが判断されます。

解雇後、解雇が取り消されるまでの期間は、従業員が就労できなかった期間（使用者からみれば労務の提供を受けなかった期間）となりますが、この期間中の賃金を使用者が支払うべきか否かが問題となります。

この点について、民法では「債権者の責めに帰すべき事由によって債務を履行することができなくなったときは、債務者は、反対給付を受ける権利を失わない。」（536条2項）と定めています。ご相談の場合について当てはめると、使用者（労務の提供を受ける債権を持つ債権者）の責に帰すべき事由によって就労できなくなった（労務の提供をする債務を履行できなくなった）ときは、従業員（労務の提供をする債務者）は、賃金（反対給付）を受ける権利を失わない、と読むことができます。つまり、解雇が使用者の責に帰すべき事由による場合

は、使用者は、解雇期間中の賃金を支払わなければならないということになり、その額は、従業員が解雇されなかったならば労働契約上確実に支給されたであろう賃金の合計額となると考えられます。具体的には次のとおりです。

> **1 基本給・手当**
>   基本給や諸手当（職能手当・住宅手当等）は対象となるが、通勤手当のように実費弁償的なものは除外される。
> **2 残業手当・深夜手当**
>   実際に残業して（深夜業をして）はじめて権利が発生する手当なので、一般的には、実際に残業していない（深夜労働していない）被解雇者は請求できない。ただし、勤務割が決まっていて、勤務すれば必ず一定の残業手当と深夜手当が支給される場合であれば、そのような条件を前提に認められると考えられる。
> **3 賞　与**
>   判例では支給の対象としているものが多い（「いずみ福祉会事件」平18.3.28最高裁第三小法廷判決等）。

　一方、使用者に解雇について何ら責任がない場合、例えば、被解雇者に明らかな非違行為がある等従業員側の責任が明確な場合には、たとえその解雇が何らかの理由で取り消されたとしても、解雇期間中の賃金の支払義務が発生する余地はなく、使用者はこの期間中の賃金を支払う必要はないものと考えられます。

賃金の補償と休業手当の考え方

　上記解雇期間中の賃金の補償の考え方のほかに、労基法には、休業手当の規定があり、それによると、使用者が労働者を休業させ、その責任が「使用者の責に帰すべき事由」による場合には、平均賃金の60％を支給しなければならないとされています（労基法26条）。
　同条にいう「使用者の責に帰すべき事由」とは、先の民法536条2

項の場合とは異なり、使用者の故意、過失または信義則上これと同視すべきものよりも広く、例えば、資材の不足や事業場設備の欠陥が原因となって休業させる場合も、「使用者の責に帰すべき事由」に当たり、休業手当を支払う義務が生じます。

　民法536条2項が適用される場合は、使用者は従業員に解雇期間中の賃金の100％を支払わなければなりませんが、これは民事上の権利義務関係で罰則はありません。これに対して、労基法上の休業手当の場合は、使用者に解雇期間中の賃金のうち、60％（平均賃金の60％）を支払う義務がありますが、これに違反すると罰則の適用があります。

　ご相談のようなケースで、仮に解雇に合理性がない場合には、解雇されてから解雇が取り消されるまでの間は、労働者の身分がありながら（解雇が取り消されたため身分は継続しているものと考えられる）、使用者の責において就労できなかった（休業せざるを得なかった）期間であり、休業手当を支払わなければならないものと考えられます。

解雇期間中に別の勤務による収入があった場合

　今回のご相談の中にはありませんが、解雇期間中に別の会社で勤務し、そちらから一定の収入があった場合には、使用者が支払うべき解雇期間中の賃金額からその中間収入分を控除することができるかという問題があります。

　まず、民法536条2項後段は、「自己の債務を免れたことによって利益を得たときは、これを債権者に償還しなければならない。」と定めており、裁判実務では、中間収入分は解雇期間中の賃金から控除され、解雇期間中の賃金と中間収入の控除額を相殺することは賃金の全額払いの原則（労基法24条1項）に反しないとされています（「全駐労小倉支部山田分会事件」昭37.7.20最高裁第二小法廷判決）。

　その上で、どの範囲まで控除できるかについて、最高裁は、「使用者は、右労働者に解雇期間中の賃金を支払うに当たり右利益（以下「中間利益」という。）の額を賃金額から控除することができるが、右

賃金額のうち労働基準法12条１項所定の平均賃金の６割に達するまでの部分については利益控除の対象とすることが禁止されているものと解するのが相当である」、「使用者が労働者に対して有する解雇期間中の賃金支払債務のうち平均賃金額の６割を超える部分から当該賃金の支給対象期間と時期的に対応する期間内に得た中間利益の額を控除することは許されるものと解すべきであり、右利益の額が平均賃金額の４割を超える場合には、更に平均賃金算定の基礎に参入されない賃金（労働基準法12条４項所定の賃金）の全額を対象として利益額を控除することが許されるものと解せられる。」と判示しています（「あけぼのタクシー事件」昭62.4.2最高裁第一小法廷判決）。

　つまり、休業期間（解雇されて就労していない期間）中の手当として使用者に支払う義務のある「平均賃金額の60％」は中間収入分の控除額から除外されますが、平均賃金の算定に算入されない一時金（賞与）等については、その全額が控除対象となり得るとしています（前掲いずみ福祉会事件判決も同旨）。

◆中間収入の控除〜最高裁（あけぼのタクシー事件判決）の考え方◆

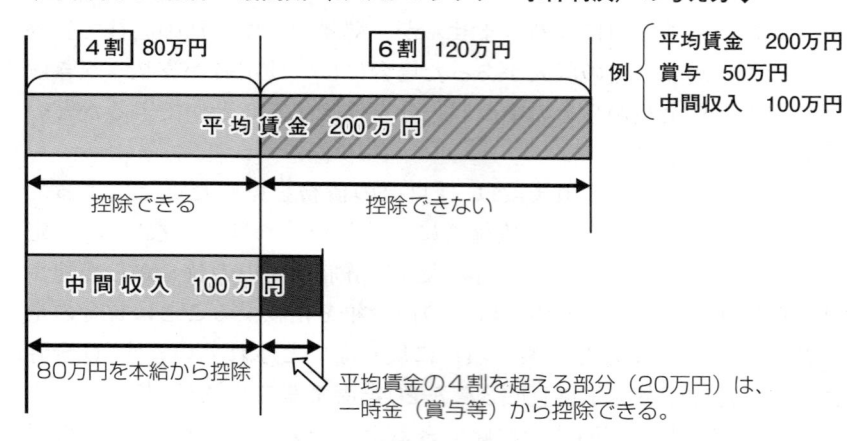

４割 80万円	６割 120万円
平均賃金 200万円	
控除できる	控除できない

中間収入 100万円

80万円を本給から控除

平均賃金の４割を超える部分（20万円）は、一時金（賞与等）から控除できる。

例：平均賃金　200万円
　　賞与　　　50万円
　　中間収入　100万円

①本給から控除した後の額：200万円−80万円＝120万円
②一時金（賞与等）から控除した後の額：50万円−20万円＝30万円
　使用者が労働者に支払うべき賃金額の合計は、120万円＋30万円＝150万円

▶過払い分の賃金控除

No.22 間違って多く支払った賃金を天引きしてもよいのでしょうか

〈相談内容〉
　当社の給与は日給月給制です。4月半ばに入社した従業員について、4月分の給与を1カ月分満額で誤って支払ってしまい、5月の給与日に、再計算の事務処理手続きの都合上、6月の給与から払い過ぎた入社前の日数分（給与満額の約半分）を天引きするという通知を出しました。
　ところが、その従業員からは、「もらった4月分の給与はすでに使ってしまったし、6月分の給与から引かれるとローンの支払いもあって生活するのにとても困る」と言われましたが、過払い分を次の給与から差し引くことは認められないのでしょうか。

ポイント！
　労基法では、賃金の全額払いの原則の例外として、法令、労働協約または労使協定で給与の一部を控除して支払うことが認められています。また、行政解釈では、過払いとなった前月分の賃金を当月分の賃金で清算する程度であれば違法ではないとされています。
　判例では、賃金からの過払い分の控除が、過払いのあった時期と賃金の清算調整の実を失わない程度に合理的に接着した時期になされ、また、あらかじめ従業員にその旨が予告され、その額が多額にわたらないなど従業員の経済生活の安定を脅かすおそれのない場合は労基法違反とならない旨判示されているものがあります。
　これらを踏まえると、ご相談の場合は、清算が過払いの2カ月後で控除額も1カ月分の給与の半額と大きく、従業員の生活に対する影響

という点からも問題があるものと考えられます。

賃金の全額払いの原則とその例外

　労基法24条は、賃金の支払いについて、①通貨払い、②直接払い、③全額払い、④毎月1回以上、⑤一定期日払いの原則を定めています。これらのうち、全額払いの原則については、「賃金の一部を支払留保することによる労働者の足留めを封ずるとともに、直接払の原則と相まって、労働の対価を残りなく労働者に帰属させるため、控除を禁止したものである。」（厚生労働省労働基準局編「改訂新版　労働基準法　上」340頁参照）とされています。

　ただし、この原則については、同条1項のただし書きで、「法令に別段の定めがある場合又は当該事業場の労働者の過半数で組織する労働組合があるときはその労働組合、（中略）ないときは労働者の過半数を代表する者との書面による協定がある場合においては、賃金の一部を控除して支払うことができる。」と規定され、全額払いの原則の例外を認めています。

　この一部控除が認められている趣旨については、「所得税の源泉徴収、社会保険料の控除のように公益上の必要があるもの及び社宅料、購入物品の代金等事理明白なものについては例外を認めることが手続の簡素化に資し、実情にも沿う」（同書同頁）とされています。

賃金の控除協定

　前記のように、賃金の一部控除が法令等で認められているもの以外は、あらかじめ労使協定で賃金から控除して支払う場合について定める必要があります。ご相談に関して言えば、ある月の給与が過払いとなったときの返還手続きなどが定められていれば、それに従って処理することとなります。

ただ、本来、給与計算について間違いなどあってはならないことを考えますと、給与計算の過払いがあった場合を想定した取扱いを事前に協定しているケースというのは、実際にはさほど多いとは思われません。民法の一般ルールでは、使用者（会社）の過失とはいえ、過払い分は本来、従業員が受けるべきものではないのですから、使用者は従業員に対して不当利得の返還請求（同法703条）ができ、従業員の同意があれば、従業員の給与請求債権と相殺することができます（同法505条）。しかし、過払い分を清算する実務上の労使間トラブルを防止するためには、あらかじめ労使間で話し合って労使協定を締結しておくほうが望ましいでしょう。

●● 賃金の控除協定がない場合

　それでは、前記のように労基法24条で規定されていることを厳格に捉え、これ以外では一切控除ができないのでしょうか。
　この点に関する行政解釈では、月の中途の日に当月の賃金を前払いする（例えば、7月15日に7月分の賃金を支払う。）こととなっている会社で、その支払日の後に5日間のストライキが行われた場合の過払い賃金の清算について示したものがあります（昭23.9.14基発1357号）。すなわち、この例は、その月は満稼動を前提にすでに賃金を支払ってしまっていることから、個々に改めて返還は求めず、物理的により接近している翌月の支払分で清算しようとする場合ですが、「前月分の過払賃金を翌月分で清算する程度は賃金それ自体の計算に関するものであるから、法第24条の違反とは認められない。」とされています。
　さらに、清算が可能である翌月ではなく、より後の月に清算した場合は違反にならないかについては、この行政解釈からは明言できませんが、翌月分で清算が可能であったにもかかわらず会社側の怠慢などでこれを行わずに、翌々月に一方的に行うなどの事情では違反となる可能性が高いと考えられます。

過払い分の清算的相殺に関する裁判例

　過払い分の清算のための賃金からの相殺（控除）に関する判例を見てみますと、最高裁判決は、「適正な賃金の額を支払うための手段たる相殺は、同項（注：労基法24条1項）但書によって除外される場合にあたらなくても、その行使の時期、方法、金額等からみて労働者の経済生活の安定との関係上不当と認められないものであれば、同項の禁止するところではないと解するのが相当である。」「この見地からすれば、許さるべき相殺は、過払のあった時期と賃金の清算調整の実を失わない程度に合理的に接着した時期においてされ、また、あらかじめ労働者にそのことが予告されるとか、その額が多額にわたらないとか、要は労働者の経済生活の安定をおびやかすおそれのない場合でなければならないものと解せられる。」と判示しています（「福島県教組事件」昭44.12.18最高裁第一小法廷判決）。なお、本事件では、過払いした所定支払月から4カ月後にその返還の求めと次月での差し引き通告を行い5カ月後に差し引いた給与分については違法とし、1カ月後に通告等を行い2カ月後に差し引いた勤勉手当分については適法としています。

　ちなみに、相殺が少額に止まるものであったとしても、過払いのあった所定支払日から3年余も経過した相殺は、もはや清算調整のらち外にあるものとして許されない旨判示した裁判例があります（「東日本旅客鉄道事件」平12.4.27東京地裁判決）。

　これらの判決からすると、計算違いなどによる過払い分の天引き・控除は認められるものの、控除する場合、その時期については、例えば、賃金の再計算に要する最短の時間などを考慮した過払い月に最も近接した月であり、手続き的には、場合により従業員が必要な対応ができるよう、一定の期間をおいた予告を行い、金額については従業員の生活の安定をおびやかすこととならないようにすることが必要です。

　なお、この判決にいう「多額」とはどこまでをいうかとも関係すると思われますが、控除する金額の限度について労基法上はないと考え

られます。ただ、この点に関しては、民事執行法によって、原則として賃金額の4分の3に相当する部分については差し押さえてはならない（同法152条）こととされていることから、控除額がこの範囲を超える場合には一度ではできないと考えられます。

　ここで、この最高裁の判例を踏まえてご相談の場合について考えますと、1カ月前には天引き・清算の通知・予告はなされているものの、過払い月が4月であったにもかかわらず5月分ではなく2カ月後の6月分において天引きしようとしている点には問題が認められます。また、控除額が、賃金の差押えの限度（4分の1）を超え、給与の半額を占めていることなどからすると、この天引きは従業員の経済生活の安定をおびやかすおそれがあって違法と評価されるのではないかと考えられます。

　そこで、一切返還を求められないということではなく、実務的に考えますと、例えば、双方でよく話し合い、了解した上で、今後の給与から一定額を分割して控除する、あるいは給与の支払いとは別途返還を求めるという方法が考えられるでしょう。

▶月60時間を超える時間外労働に関する割増賃金

No.23 長時間労働をさせたら高い割増賃金を支払わなければならないのですか

〈相談内容〉
　従業員数400名の情報通信サービス事業を行っている会社です。平成22年4月から改正労基法が施行され、時間外労働が月60時間を超えると従来よりも割増賃金率を上乗せして支払わなければならないと聞きました。また、この場合に、割増賃金を支払う代わりに休暇を与えることも可能だということですが、この休暇制度を導入する場合、具体的に計算する方法や就業規則で制度化する際の留意点はどのようなものでしょうか。

ポイント！
　一定規模（原則：資本金・出資の総額3億円超または従業員数300人超）の企業については、1カ月60時間を超える時間分について50％以上の割増賃金を支払わなければならないこととなりました。また、労使協定を締結すれば、この引き上げられる割増賃金分の支払いに代えて、この超えた時間の部分について有給の代替休暇を取得させることができます。

　また、代替休暇の取得は、個々の従業員の意向によるべきものであるため、意向確認の手続きや割増賃金の支払い方などについてもその取扱いを定めておかなければなりません。

　これらは、賃金の支払方法や休暇に関する事項ですから、就業規則にもその内容を定めておく必要があります。

改正労基法による時間外労働の割増賃金率の引上げ

ご承知のとおり、労基法の改正（平成22年4月1日施行）により、1カ月について60時間を超える時間外労働をさせた場合は、その超えた時間について50％以上の率で計算した割増賃金を支払うことが義務付けられました（同法37条1項ただし書き）。

また、過半数労働組合、これがない場合には過半数代表者との間で労使協定を締結すれば、月60時間以下の時間外労働に対する割増賃金率（25％以上）との差に相当する部分（50％以上－25％以上。以下、今回の改正による「引上げ分」といいます。）の割増賃金を支払う代わりに、有給の休暇（代替休暇）を与えることができます（同法37条3項）。

ただし、これらは、次表の中小事業主については、当分の間適用が猶予されます（同法138条）。ここで、中小事業主に該当するか否かは、事業場単位ではなく、企業単位で判断します。

◆割増賃金の引上げ規定の適用が猶予される中小事業主◆

①資本金の額または出資の総額

小売業	5,000万円以下
サービス業	
卸売業	1億円以下
それ以外	3億円以下

または

②常時使用する従業員数

小売業	50人以下
サービス業	100人以下
卸売業	
それ以外	300人以下

なお、告示で定められている限度時間を超える時間外労働をさせる場合の特別条項付き協定（No.13参照）を締結している場合は、企業の規模にかかわらず、限度時間を超える時間外労働に対する割増賃金率は25％を超える率で定める努力義務が課されていることに留意してください。例えば、大企業でこの部分の割増賃金率を35％と定めた場合、限度時間（例：1カ月当たり45時間）を超え、さらに1カ月60時間を超えた時点で改正により引き上げられた法定の50％以

上の割増賃金率が適用されますので、1カ月の時間外労働時間数の段階に応じて3段階の割増賃金率が存在することになります。

◆割増賃金率◆

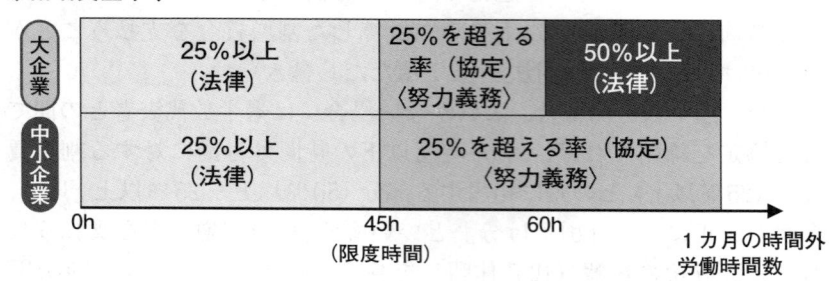

	0h 〜 45h	45h 〜 60h	60h 〜
大企業	25%以上（法律）	25%を超える率（協定）〈努力義務〉	50%以上（法律）
中小企業	25%以上（法律）	25%を超える率（協定）〈努力義務〉	

（45h：限度時間）
横軸：1カ月の時間外労働時間数

　ご相談の場合は、従業員数400名のサービス業ということですので、資本金額または出資の総額が5,000万円以下であれば、中小事業主として、当面は法改正による割増賃金の引上げ規定が適用されませんが、ここでは、これらの規定が適用される大企業を前提に回答します。

月60時間を超える時間外労働のカウント

　50％以上の割増賃金の支払いが義務付けられる、1カ月について60時間を超える時間外労働をカウントする場合の「1カ月」とは、暦に従った1カ月の期間をいいます。その起算日は、例えば「毎月1日」、「賃金計算期間の初日」、「36協定で定めた一定の起算日」など各企業で決めることができます。

　1カ月60時間を超える時間外労働の割増賃金率と1カ月の起算日は、就業規則の絶対的必要記載事項である「賃金の決定、計算及び支払の方法」（労基法89条2号）に関する事項に該当しますので、就業規則で定めておく必要があります。

　また、法定休日（1週1日または4週を通じて4日の休日。同法35条）に働かせた時間分は休日労働（35％以上の割増賃金）となり

ますので、「1カ月60時間超」をカウントする場合には含みません。これに対し、法定休日以外の日で会社が休日と定める日（所定休日）に働かせた場合は、これによって週の法定労働時間を超えるとその時間は時間外労働となりますので、この時間分も含めて1カ月について60時間を超えた時間に対して50％以上の割増賃金を支払わなければなりません。

このため、割増賃金の計算を簡便にする上でも、あらかじめ就業規則等で「法定休日」と「法定休日以外の休日」を明確に分けておくことが重要です。

なお、1カ月60時間を超える時間外労働の中で、深夜時間帯（午後10時～午前5時）の時間があった場合には、さらに深夜労働の割増賃金（25％以上）を上乗せし、75％以上の割増賃金を支払う必要があります。

代替休暇制度を導入する場合

冒頭に述べましたが、月60時間を超えた部分の時間外労働については、事業場で労使協定を締結することにより、50％以上の割増賃金の支払いに代えて、有給の代替休暇を与えることもできます（労基法37条3項）。

ただし、休暇に代替することができるのは、月60時間を超える時間外労働に対する割増賃金率（50％以上）と月60時間以下の時間外労働に対する割増賃金率（25％以上）との差に当たる部分（引上げ分）ですから、代替休暇を与える場合でも、最低25％以上の割増賃金は支払わなければならないことになります。

代替休暇制度を導入する場合には、**次頁の枠内の事項**を労使協定で定めます。そして、代替休暇は就業規則の絶対的必要記載事項である「休暇」（労基法89条1号）に関する事項ですから、就業規則にも労使協定で定めた制度内容などを定めておく必要があります。

また、代替休暇を企業で制度として導入したとしても、代替休暇を

◆代替休暇として与えることができる時間◆

1カ月の時間外労働が80時間の例

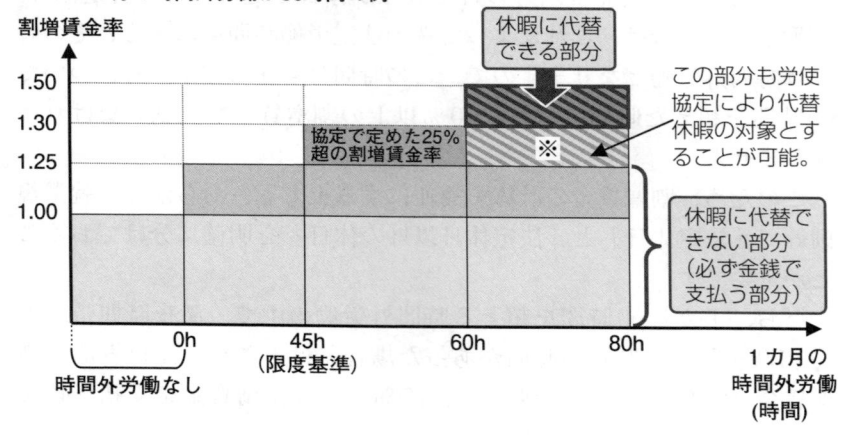

割増賃金率

- 1.50
- 1.30
- 1.25
- 1.00

協定で定めた25%超の割増賃金率

休暇に代替できる部分

この部分も労使協定により代替休暇の対象とすることが可能。

休暇に代替できない部分（必ず金銭で支払う部分）

時間外労働なし　0h　45h（限度基準）　60h　80h　1カ月の時間外労働（時間）

取得することを個々の従業員に強制することはできず、あくまでも、引上げ分を割増賃金として受けるか、代替休暇を取得するかは個々の従業員の意向によらなければなりません。従業員の代替休暇取得の意向があるか否かによって割増賃金の支払い方も変わってきますので、その手続きや取扱いについても明確にしておくことが必要です。

◆代替休暇制度に関する労使協定で定める事項と留意点◆

①代替休暇の時間数の具体的な算定方法

代替休暇の時間数 ＝ （1カ月の時間外労働時間数 － 60） × 換算率※

※換算率＝代替休暇を取得しなかった場合に支払うこととされている割増賃金率（50％以上） － 代替休暇を取得した場合に支払うこととされている割増賃金率（25％以上）

②代替休暇の単位

- ■1日または半日単位で与える。
- ■半日は厳密に所定労働時間の2分の1でなくてもよい。労使で協定して半日の定義を決めておく。

③代替休暇を与えることができる期間
- １カ月60時間を超える時間外労働が行われた当該１カ月の末日の翌日から２カ月以内の期間に与えることを定める。

④代替休暇の取得日の決定方法、割増賃金の支払日
- 取得日の決定方法（意向確認の手続き）、割増賃金の支払日を定めておく。
- 代替休暇取得の意向がある場合は、割増賃金が発生した賃金計算期間に係る賃金支払日に25％以上の割増賃金を支払う。
- 代替休暇取得予定だったが実際には取得できなかった場合は、そのことが確定した賃金計算期間に係る賃金支払日に引上げ分の割増賃金を追加して支払う。
- 代替休暇取得の意向がない場合または意向確認ができない場合は、引上げ分も含め、当該割増賃金が発生した賃金計算期間に係る賃金支払日に50％以上の割増賃金を支払う。

▶裁判員休暇と賃金

相談票

No. 24

裁判員に選ばれた従業員の公務期間中の賃金は支払わなければならないのですか

● 〈相談内容〉

　裁判員や補充裁判員に選ばれたときには、裁判所から、必要となる交通費や宿泊費は支給されるのでしょうか。また、日当も支給されるのでしょうか。支給されるとしても、その金額によっては月の収入が減少してしまうと考えられますが、所得補償制度のようなものはないのでしょうか。

　また、会社は、従業員が裁判員等に選ばれた場合、その日は有給の休暇を与えなければならないのでしょうか。

　さらに、その者がいないと仕事に支障を来すことを理由に辞退することは可能でしょうか。

　この裁判員制度がよく分からないのでお教えください。

ポイント!

　裁判員制度により裁判員候補、裁判員、補充裁判員に選ばれると、その時間は仕事を休む必要が生じます。使用者は、従業員が公民権の行使や公の職務の執行について必要な休暇を請求した場合にはこれを拒否できません。

　裁判員等には、裁判所から「報酬」としてではなく、その職務を行うにあたって生じる損失の一部を補償する日当等が支給されます。

　一方、この休暇の日や時間の給与の支払いは、労基法上義務付けられていませんが、有給とするか無給とするかを就業規則に定める必要があります。

　なお、仕事が忙しいことを理由とする辞退は、具体的な事情によっては認められる可能性がありますので、実際に事件を担当する裁判所に相談するとよいでしょう。

裁判員制度とは

「裁判員の参加する刑事裁判に関する法律」が平成21年5月21日に施行されました。

裁判員制度は、この法律に基づき国民から選ばれた6人の裁判員が、地方裁判所で行われる個別の刑事裁判に参加し、被告人が有罪か無罪か、有罪の場合にはどのような刑にするのかを専門の3人の裁判官と一緒に決める制度です。

ちなみに、東京地方裁判所を例に裁判員裁判を見てみますと、平成21年8月に最初の裁判が行われ、平成22年11月15日現在では、1,400人の被告人に裁判が下されているとされています（日本経済新聞、平成22年12月20日夕刊）。

裁判員の選任

まず、選挙権のある人の中から、翌年の裁判員候補者となる人について、毎年、抽選で選ばれた裁判員候補者名簿が作られます。この裁判員候補者に選ばれた人には前年の12月頃には「あなたが裁判員候補者に登録されました」と通知されます。

この通知には、調査票が付いていて参加に支障がある事情を記載すると一定の配慮が払われる場合があります。

次に、候補者名簿の中からさらにその事件の裁判員候補者を「くじ」で選び、裁判の始まる遅くとも6週間前には、「呼出状」と「質問票」が候補者に送られます。

この「呼出状」には、事件についての具体的な日程が記載されており、「質問票」には、具体的な辞退事由の有無及び辞退を希望するか否かの質問が含まれています。

呼出状に記載された選任手続期日に出頭すると、裁判長から審理する事件の被告の氏名、事件の概要、罪名などが説明され、「当日用質問票」で事件に関連する不適格事由に該当するかどうかが尋ねられ、

続いて開かれる質問手続き（非公開）では、裁判官3人、書記官3人、検察官、弁護士の立会いの下、候補者1人ひとりに裁判長が面談します。この結果、不公平な裁判をするおそれがあると裁判所が認めた人等は、裁判員になれません。

裁判員になれない人と辞退が認められた人以外から、「くじ」で6人の裁判員が決定されます。ただし、事件によっては補充裁判員が選ばれる場合があります。

裁判員裁判

裁判員裁判は第1日目の午前中に選任手続きを終え、その日の午後から始まります。法廷での審理が始まる前に、裁判官、検察官、弁護人の三者で、事件の争点及び証拠を整理する「公判前整理手続き」が行われますので、3日以内で終了する事件が多く、9割の事件が5日以内に終了すると予想されていましたが、被告人が犯行を否認するなどの事件では、さらに日数がかかるものも出ています。

補充裁判員は、裁判員に事故等があって、裁判に参加できなくなった場合にそれ以降の裁判員として裁判に参加します。

公民権の行使の保障

労基法7条では、「使用者は、労働者が労働時間中に、選挙権その他公民としての権利を行使し、又は公の職務を執行するために必要な時間を請求した場合においては、拒んではならない。」と規定しています。

裁判員候補者、裁判員、補充裁判員の職務も同条の公の職務に該当しますので（平17.9.30基発0930026号）、従業員が裁判員等に選任され休暇を請求すれば、そのために必要な時間を与えなければなりません。

裁判員等として出頭する日の国からの手当等の支給

裁判所に出頭する日の日当、旅費(交通費)は、以下のとおり支給されます。

◆裁判員等として出頭する場合に国から支給される手当等◆

日　当	裁判員候補者　　　　　　　　1日当たり　8,000円 裁判員及び補充裁判員　　　　1日当たり10,000円
旅費(交通費)	鉄道運賃、船舶運賃、航空運賃等が支給される。旅費の額は、原則として、最も経済的な(安価な)経路・交通手段で計算されるので、実際にかかった交通費と一致しない場合がある。
宿泊費	裁判所から家が遠いなどの理由で宿泊しなければならない場合には、宿泊する地域によって、1泊7,800円または8,700円

なお、これらの日当の性格は、「報酬」ではなく、裁判員、補充裁判員または裁判員候補が職務を行うにあたって生じる損失の一部を補償するというものです。

したがって、日当を得ているといっても通常の賃金を代替するものではありませんから、日当の支給については企業側は関与しないことが裁判所から求められています。

裁判員制度に参加している時間の賃金

一方、従業員が裁判員制度に参加した際に使用者が賃金を支払うべきか否かについて、労基法7条は触れていません。このことに関し「本条の規定は、給与に関しては、何等触れていないから、有給たると無給たるとは、当事者の自由に委ねられた問題である。」(昭22.11.27基発399号)との行政解釈が示されており、有給としなくとも労基法違反にはなりません。

しかし、労基法89条では就業規則に休暇及び賃金の決定、計算及

び支払いの方法について必ず記載しなければならないとしていますので、裁判員制度に参加した時の休暇、賃金の取扱いを記載する必要があります。

したがって、会社の就業規則で有給扱いとなっていれば、通常の賃金の支払いと国からの裁判員等としての職務を行うに当たって生じる損害の一部補償としての日当の支給が行われることとなり、会社の就業規則で無給扱いとなっていれば、その時間の賃金の支払いはなく、国からの裁判員等としての職務を行うに当たって生じる損害の一部補償としての日当の支給のみが行われることになります。

パートタイマーが裁判員に選ばれた場合

パートタイマーが裁判員に選任される場合も当然に想定されますが、パートタイマーに対する裁判所への出頭日の賃金を決定する場合には、短時間労働者の雇用管理の改善等に関する法律(以下「パート労働法」といいます。)の規定に留意する必要があります。

すなわち、通常の労働者(正社員等)と同視すべき就業の実態にあるパートタイマーについては、パートタイマーであることを理由として、賃金の決定、教育訓練の実施、福利厚生施設の利用などにおいて差別的取扱いをすることを禁じています(同法8条)。

また、通常の労働者と就業の実態が異なる場合でも、通常の労働者との均衡を考慮しつつ、職務の内容、成果、意欲、能力、経験等を勘案してパートタイマーの賃金を決定するように努めなければなりません(同法9条1項)。ここでいう「賃金」とは、職務に密接に関連する賃金をいい、同条の事業主の努力義務の対象には、通勤手当、退職手当、住宅手当等は含まれません。しかし、同法に基づく指針(「事業主が講ずべき短時間労働者の雇用管理の改善等に関する措置等についての指針」平19.10.1厚生労働省告示326号。以下「パート指針」といいます。)では、職務に密接に関連しない賃金についても、その就業の実態、通常の労働者との均衡等を考慮して定めるように努める

ものとされています（第3の1(2)）ので、この趣旨からは、職務に密接に関連しない、ご相談のような裁判員として出頭した時間に対する手当についても、通常の労働者との均衡を考慮して決定することが望まれます（パートタイマーの均衡待遇については No.34 参照）。

業務繁忙を理由とする辞退

　仕事が忙しいというだけの理由では、裁判員になることを辞退できないこととなっています。ただし、とても重要な仕事があり、その従業員が処理しなければ、事業に著しい損害が生じる場合や、裁判員になることにより自分自身や周りの人に身体上・精神上・経済上の重大な不利益が生じる場合などには辞退することが認められることになっています。

　裁判所では、仕事を理由とする辞退が認められるかは、具体的な事情を聞いた上で事件を実際に担当する裁判所が判断することになるとしていますが、その判断は以下のような観点から、総合的に行われます。

```
（1）裁判員として職務に従事する期間
（2）事業所の規模
（3）担当職務についての代替性
（4）予定される仕事の日時を変更できる可能性
（5）裁判員として参加することによる事業への影響
```

　裁判員等に選ばれた従業員の代わりに仕事ができる者がいない場合は、上記の（3）に該当しますが、具体的な取扱いは事件を担当する裁判所の判断となりますので、事情を話し理解してもらう必要があるでしょう。

参考

裁判員休暇と賃金の取扱い（企業調査）

平成20年7月22日〜同年8月8日に行われた民間（財団法人労務行政研究所）の調査（裁判員制度実施に向けた企業の対応調査）結果によると、裁判員に選任された場合などのために何らかの休暇を付与するとしている企業について、休暇を付与した当日の賃金の取扱いを、「通常勤務時とまったく同じ（有給）扱いとする」企業の割合は89.2％、「通常勤務時間の賃金から、裁判員法により裁判員に支給される日当分を控除して支給する」企業の割合は1.2％、「休務した分は無給とする」企業の割合は8.4％となっています。

休暇を付与した当日の賃金の取扱い

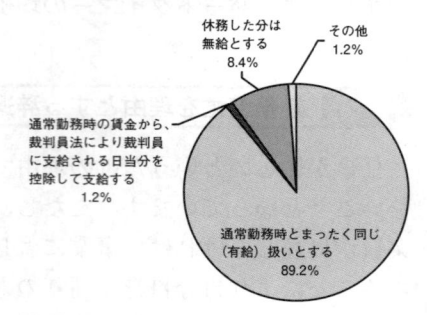

- 休務した分は無給とする 8.4％
- その他 1.2％
- 通常勤務時の賃金から、裁判員法により裁判員に支給される日当分を控除して支給する 1.2％
- 通常勤務時とまったく同じ（有給）扱いとする 89.2％

有期雇用社員（パート・契約社員など）の休暇付与等の取扱い

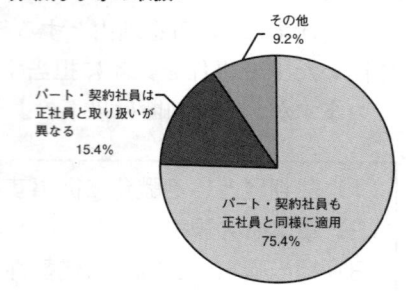

- その他 9.2％
- パート・契約社員は正社員と取り扱いが異なる 15.4％
- パート・契約社員も正社員と同様に適用 75.4％

注：①裁判員に選任された社員のみを対象とする「裁判員休暇」制度を新設、②裁判員や他の公職に就く場合、参政権を行使する場合などに利用できる休暇制度を新設、③従来から公職に就く場合の休務ルールを就業規則で決めており、そのルールを適用する、のいずれかと回答した企業が対象。

また、この調査で、正社員と有期雇用社員（パート・契約社員など）との裁判員制度に対する休暇付与等の取扱いの違いを尋ねた結果は、「パート・契約社員も正社員と同様に適用」する企業の割合は75.4％、「パート・契約社員は正社員と取り扱いが異なる」とする企業の割合は15.4％となっています。

▶休業手当

> 相談票
> No. 25
> **大雨が原因である断水による休業は**
>
> 〈相談内容〉
> 　小規模の病院を経営しています。
> 　大雨が原因で断水となり、通常の診療ができなくなりました。
> 　緊急の治療などの対応を行うため病院を閉めるわけにはいかないので、職員のうち10数名のパートタイマーだけ休ませて、正職員だけで対応しようと思っていますが、休ませるパートタイマーに対する休業手当は必要でしょうか。

ポイント！　使用者の責に帰すべき事由による休業の場合には、使用者は従業員に平均賃金の6割以上の休業手当を支払わなければなりません。

　この場合の「使用者の責に帰すべき事由」とは、民法の規定の「債権者の責めに帰すべき事由」より広く解釈されており、使用者の故意、過失のみならず、例えば、原材料や資材を調達できない、経営難により資金・資材獲得が困難などの場合でも、使用者の責に帰すべき事由による休業として、休業手当の支払いが必要となります。

　断水も資材の供給が困難となった場合と同視できますので、休業を命じたパートタイマーについては、平均賃金の6割以上の休業手当の支払いが必要となります。

● **休業手当の支給義務**

　従業員に休業を命じる場合に考慮しなければならない事項として、

労基法26条の「休業手当」があります。

同条では、「使用者の責に帰すべき事由による休業の場合においては、使用者は、休業期間中当該労働者に、その平均賃金の100分の60以上の手当を支払わなければならない。」と定めています。

ここでいう「休業」とは、従業員が労働契約に従って労働の用意をし、しかも労働の意思を持っているにもかかわらず、その給付の実現が拒否され、または不可能となった場合をいいます。したがって、事業の全部または一部が停止した場合のほか、特定の従業員に対して、その意思に反して、就業を拒否するような場合が含まれると解釈されていますから、ご相談のようにパートタイマーにのみ休業を命じる場合でも休業手当の支給の対象となります。

休業手当の支払義務が発生する使用者の責に帰すべき事由

次に、大雨が原因の断水による休業が「使用者の責に帰すべき事由による休業」に該当するのかが問題となります。

民法では、債権者（ここでは労務の提供を受ける使用者）の責に帰すべき事由による休業の場合、債務者（ここでは労務の提供をすべき労働者）は反対給付（ここでは賃金の全額支払い）を受ける権利を失わないとされています（民法536条2項）。

一方、労基法26条では、使用者の責に帰すべき事由によって従業員に休業させる場合は、平均賃金の6割を支払わなければならないと定められています。

民法と労基法の規定の違いは、民法により賃金を全額支払わなければならないのは、「使用者の故意・過失またはこれと同視し得る場合」とされているのに対し、労基法では、労働者の生活の最低保障を図るため、「使用者の責に帰すべき事由」を民法の「債権者の責めに帰すべき事由」よりも広く捉え、天災地変等の不可抗力以外の休業を「使用者の責に帰すべき事由による」休業として、平均賃金の6割以上の休業手当の支払いを義務付けているという点です。

したがって、労基法26条の規定する休業手当を支払わなければならない使用者の「責に帰すべき（責任とされるべき）事由」とは、使用者の故意、過失のみならず、例えば、原材料や資材を調達できない、経営難により資金・資材獲得が困難などの場合も含まれ、これらの場合には休業手当の支払いが必要となります。

　同条の行政解釈でも、「親会社からのみ資材資金の供給をうけて事業を営む下請工場において、親会社自体が経営難のため資材資金の獲得に支障を来し、下請工場が所要の供給をうけることができずしかも他よりの獲得もできないため休業した場合」も、「使用者の責に帰すべき休業に該当する」と示されています（昭23.6.11基収1998号）。

●● 大雨が原因の断水による休業にも休業手当の支払いは必要

　大雨の程度や被害の大きさは不明ですが、大雨も自然災害（天災）であるとはいえるものの、労基法が想定している天災地変とは、これにより病院が全半壊するなど、事業の実施に壊滅的な影響を与える場合と考えられます。

　ご相談の大雨の影響は単に日常のルートによる水の供給が止まったことにだけ止まり、正職員で診療は実施できる状況であることを考えますと、休業を命じたパートタイマーに対しては休業手当を支給する必要があります。

▶最低賃金

> No.26 　　　　　　　　　相談票
> **特定最低賃金の違反に対する罰則は**
>
> 〈相談内容〉
> 　最低賃金法が改正されて、特定最低賃金の違反に対する罰則規定はなくなったと聞きましたが、違反しても刑事罰が科されないのであれば、使用者は従わないのではないでしょうか。

ポイント！

　確かに、特定最低賃金に違反しても、最低賃金法（以下「最賃法」といいます。）上罰則の適用はありません。
　しかし使用者は、最賃法により、すべての事業場・労働者に適用される地域別最低賃金はもちろん、特定最低賃金についても、それぞれそれ以上の賃金を支払う義務があります。そこで、特定最低賃金の適用がある場合にその額に満たない賃金しか支払わないときは、不足部分については、労基法による賃金不払いに関する罰則が適用されます。
　さらに、賃金が地域別最低賃金をも下回っている場合には、地域別最低賃金の違反として最賃法による罰則も適用されます。

最低賃金の支払義務

　使用者は、労働者に対し、最低賃金額以上の賃金を支払わなければなりません（最賃法4条1項）。
　たとえ、最低賃金に達しない賃金で労働契約を結んだとしても、その部分は無効となり、その無効となった部分は最低賃金と同様の定めをしたものとみなされます（同条2項）。

地域別最低賃金と特定最低賃金

　現在、最低賃金は都道府県ごとに決定されており、地域別最低賃金と特定最低賃金（従来の産業別最低賃金）の２種類があります。
　都道府県ごとに決定される地域別最低賃金は、当該都道府県内のすべての事業場に適用されます。
　また、特定最低賃金は都道府県ごとに当該都道府県内の一定の事業や職業について決定、適用されるもので、当該都道府県の地域別最低賃金額を上回る金額を定めることとされています（最賃法16条）。
　労働者が２つ以上の最低賃金の適用を受ける場合は、そのうち最高の金額の最低賃金が適用されます（同法６条）。特定最低賃金が設定されている場合は、通常、特定最低賃金が地域別最低賃金を上回りますので、その適用を受ける使用者は、特定最低賃金以上の賃金を労働者に支払う義務が生ずることとなります（最低賃金については１巻Part１の 6 参照）。

罰則の適用について

　特定最低賃金は、平成19年の最賃法改正により、関係労使からの申出があった場合に、各都道府県の最低賃金審議会による審議を経て、都道府県労働局長が決定するもので、労使のイニシアティブによって任意に設定するものと位置付けられました。このような性格から、同法違反による罰則の適用は地域別最低賃金のみが対象となり、特定最低賃金に違反しても民事的な効力を持つに止まるものとして、最賃法上の罰則の適用はなくなりました。
　しかしながら、特定最低賃金の適用を受ける使用者は、最賃法４条により、特定最低賃金以上の賃金を従業員に支払う義務が生ずることとなりますので、特定最低賃金の額に満たない賃金しか支払わない場合は、不足する部分について賃金不払いとなります。
　一方、使用者は、労基法により賃金の全額を支払わなければなりま

せん(24条)ので、特定最低賃金に違反した場合は、最賃法ではなく、労基法の罰則(30万円以下の罰金。120条1号)の適用を受けることに注意が必要です。

　なお、特定最低賃金が適用されている場合でも、それより低い額で決定されている地域別最低賃金の額にも満たない賃金しか支払われていない場合には、これまでと同様、地域別最低賃金に違反するものとして最賃法による罰則(50万円以下の罰金。40条)が適用されます。

第4章

安全衛生に関する相談

▶安全衛生管理体制

> 相談票
>
> No. 27
> **安全衛生推進者とはどのようなものですか**
>
> 〈相談内容〉
> 　従業員数12名の食品製造会社を経営しています。
> 　先日、同業者と話していて、安全衛生推進者を置かなければならないのではないかと言われましたが、そのような法律上の義務はあるのでしょうか。
> 　また、安全衛生推進者には法的な資格が必要なのでしょうか。

ポイント！
　事業者は、安衛法により、常時50人以上の事業場においては、工業的業種の場合は安全管理者及び衛生管理者を、それ以外の業種の場合は衛生管理者を選任する義務があり、これらの規模に達しない事業場であっても、常時10人以上の事業場であれば、安全衛生推進者あるいは衛生推進者の選任が義務付けられています。

　安全衛生推進者等には、事業場の安全衛生管理を遂行する職務を行うことが定められ、その職務を行う能力を有する者として一定の要件に合致した者を選任する必要があります。

安全衛生推進者の選任

　安衛法では、事業場の労働災害を防止し職場の安全衛生を確保するため、事業者は、安全衛生管理体制の一環として、常時使用する従業員数や業種に応じて、安全衛生活動を行う各種管理者等を選任することが義務付けられています。

常時50人以上の従業員を使用する事業場であって、次表の①、②の業種においては安全管理者及び衛生管理者を、それ以外の業種においては衛生管理者を選任しなければなりません（安衛令3条、4条）。
　そして、常時10人以上50人未満の従業員を使用する中小規模の事業場では、安全管理者及び衛生管理者に対応して安全衛生推進者を、それ以外の業種では衛生管理者に対応して衛生推進者を選任しなければなりません（安衛法12条の2、安衛則12条の2）。
　ご相談の場合は、従業員数12名の食品製造業ということですので、安全衛生推進者を選任する必要があります。

◆安全管理者・衛生管理者・（安全）衛生推進者を選任すべき業種・規模◆

安全衛生管理スタッフ		対象業種	事業規模（常時使用する従業員数）
安全管理者	①	林業、鉱業、建設業、運送業、清掃業	50人以上
	②	製造業（物の加工業を含む）、電気業、ガス業、熱供給業、水道業、通信業、各種商品卸売業、家具・建具・じゅう器等卸売業、各種商品小売業、家具・建具・じゅう器小売業、燃料小売業、旅館業、ゴルフ場業、自動車整備業、機械修理業	
衛生管理者		全業種	
安全衛生推進者		上記①、②の業種	10～49人
衛生推進者		上記①、②以外の業種	

安全衛生推進者の職務

　安全衛生推進者には、次の職務を担当させなければならないとされています（安衛法12条の2）。なお、衛生推進者は、これらの職務のうち衛生に関する業務を行います。

① 危険または健康障害を防止するための措置に関すること
② 安全または衛生のための教育の実施に関すること
③ 健康診断の実施その他健康の保持増進のための措置に関すること
④ 労働災害の原因の調査及び再発防止対策に関すること

安全衛生推進者の選任要件

　安全管理者及び衛生管理者については、厳密な資格要件が法定されていますが、安全衛生推進者については、上記「職務を担当するために必要な能力を有すると認められる者」のうちから選任しなければならないとされています（安衛則12条の3）。
　この「職務を担当するために必要な能力を有すると認められる者」とは、次のいずれかに該当する者とされています。

イ　大学または高専を卒業後、1年以上の安全衛生実務経験者
ロ　高校または中等教育学校を卒業後、3年以上の安全衛生実務経験者
ハ　5年以上の安全衛生実務経験者
ニ　厚生労働省労働基準局長の定める講習を修了した者　　　　等
「安全衛生推進者等の選任に関する基準」（平12.12.25労働省告示120号）

　また、安全衛生推進者は、原則として当該事業場に専属の者を選任しなければなりません。ただし、労働安全コンサルタント、労働衛生コンサルタント、安全管理者または衛生管理者の有資格者で、資格取得後5年以上の実務経験を有する者等を選任する場合は、必ずしも専属でなくてもかまいません。
　なお、安全衛生推進者は、選任すべき事由が発生してから14日以内に選任しなければならず、選任後はその者の氏名を作業場の見やすい箇所に掲示するなどして関係従業員に周知しておく必要があります（同規則12条の3、12条の4）。

▶感染症対策

No.28 企業の感染症の予防対策と感染した従業員の取扱いは

〈相談内容〉

　一昨年の冬には新型インフルエンザが流行し、感染の拡大や死亡者も出るほどの猛威を振るっていました。会社も従業員や取引先など大勢の人が出入りする環境にありますので、当時は会社自体を休業にしなければならない事態になるのではと懸念すると同時に、このような場合の対策を立てることの重要性を痛感しました。

　こうした感染症が発生した場合、企業としてはどのような予防対策を講じればよいでしょうか。

　また、万一従業員の中で感染者が出た場合、その者の取扱いや職場としての対応はどのような点に注意したらよいのでしょうか。

ポイント！

　感染症の予防や発生した場合の対応の問題について、企業は単に関係法令を遵守していればよいと捉えるのではなく、社会的責任を果たす観点からも対策を検討する必要があります。

　また、企業が緊急事態に遭遇した場合のリスク管理として、事業資産の損害を最小限に止めつつ、中核となる事業の継続あるいは早期復旧を可能とする事業継続計画を立てることが重要です。

　実際に従業員が感染症にり患した場合、通常は他の私傷病と同様欠勤となりますが、感染拡大を防止するために企業の自主的な対応として、感染した従業員あるいは感染のおそれのある他の従業員に休業を命じる場合には、休業手当の支払いが必要です。

　さらに、企業内で何ら感染防止対策を実施せずに被害が拡大した場

合は、従業員が就業に際して感染症にかからないよう配慮すべき「安全配慮義務」違反に問われる可能性もあります。

●●● CSRの観点からみた企業における感染症予防対策

　一昨年の冬期を中心に流行し、社会的に問題となった新型インフルエンザを例にとれば、「新型インフルエンザ対策ガイドライン」（平21.2.17新型インフルエンザ及び鳥インフルエンザに関する関係省庁対策会議）が策定され、感染予防対策や実際に発生した場合の対応等について具体的に示されています。

　このガイドラインに示されたものは対応策の例として参考になりますが、実際の具体的な対応は各企業に委ねられています。

　この際の感染症対策は、法令遵守（コンプライアンス）の観点からだけではなく、企業の社会的責任（ＣＳＲ）[※1]といった観点や、企業のリスク管理という観点から考えると同時に、労使ともに協力して取り組むべき課題の1つといえるでしょう。

　そのためには、各企業は感染症の拡大防止策を作成し、従業員とその家族、顧客などの企業の関係者の生命を守り、健康の維持を図ることなどにより、企業が廃業など最悪の事態に追い込まれないようにする必要があります。

　つまり、しっかりとした感染症対策のための事業継続計画（ＢＣ

※1　（企業の）社会的責任、ＳＲ、ＣＳＲ（Corporate Social Responsibility）
　当初、企業の社会的責任としてＣＳＲが取り上げられていたが、社会的責任を負っているのは営利企業のみではなく、あらゆる機関が負っていることから、単に社会的責任（ＳＲ）として捉えられるようになった。社会的責任とは、企業や各機関がその目的（企業の場合は利益）の追求のみではなく、社会のあらゆる利害関係者への影響に責任を持つことと、これへの適切な対応を意味する。

※2　事業継続計画（ＢＣＰ＝Business Continuity Plan）
　企業が自然災害、大火災、テロ攻撃などの緊急事態に遭遇した場合において、事業資産の損害を最小限に止めつつ、中核となる事業の継続あるいは早期復旧を可能とするために、平常時に行うべき活動や緊急時における事業継続のための方法、手段などを決めておく計画。

P）※2を立てる必要があります。

　仮に、感染者が発生した場合には、関係者への被害拡大を防止するため発生職場の休業や企業の臨時休業も、場合によっては必要となることを想定しておくべきでしょう。

　ここでは、必要と思われる各企業における主要な対策の項目のみを例示します。

◆インフルエンザ等の感染症拡大防止のための対応策◆

- 従業員の手洗い、うがい等の徹底
- 咳やくしゃみをかけない咳エチケットの徹底
- 消毒薬（速乾性消毒用アルコール製剤）、石鹸の準備と備え付け
- マスク（顧客等人と接触する可能性のある従業員にはサージカルマスク）
- 専用ゴミ袋、ゴミ箱の準備
- 体温計の準備
- 予防接種の必要性・可能性、対象とする従業員の範囲、助成の有無と額等の検討
- 常備薬の確認と補充
- 手袋等感染者との接触予防具の準備の検討
- 従業員間の感染予防のため職場のレイアウト変更の検討（2m以上の距離を保つ）
- 時差出勤、交替制勤務、一斉休憩の除外の検討
- 在宅勤務、機材の提供、セキュリティの確保等の検討
- 不特定多数の人が集まる場所や密閉された空間への立ち入りを避けることの徹底
- 海外旅行の自粛、予定者の届出、渡航後のマスクの着用（10日間）の徹底
- 職場閉鎖、休業の検討と関係先への周知
- 緊急時の職員体制の検討
- 関係先との連携の検討
- 顧客への情報の提供

感染症にり患した従業員の治療と休業の取扱い

　従業員の感染症のり患は、流行性感冒（かんぼう）や風邪へのり患と同様、一般的な病気と同様に取り扱われますので、治療については健康保険が、欠勤については無給が原則となります。

　病気が治ゆした後にも感染の可能性があるとして医療機関等から外出を禁止された期間についても、その間の欠勤は無給が原則となります。

　なお、従業員によっては年休を利用する人もいると思われますが、年休の取得目的、時季は従業員の自由となっていますので、感染症のり患による欠勤を年休で充当したいと従業員から申出があった場合に、その請求を拒否することはできませんし、逆に、年休を充てるよう使用者が強制することはできません。

　また、企業において、病気休暇制度を有している場合には、その取扱いに従うこととなり、病気休暇の取得が有給との規定があれば、有給となります。

企業の自主的な判断で休業させる場合

　企業の自主的な判断により、従業員の感染症へのり患が予想される段階、あるいは、感染症にり患した従業員が複数確認された段階などにおいて、職場での感染拡大を防止する等のため休業を命じる場合や、医療機関から外出を禁止された期間を超えて休業を命じる場合には、労基法26条の「使用者の責に帰すべき事由による休業」に該当しますので、休業させた日数、あるいは医療機関から外出禁止を指示された期間を超えた日数については、平均賃金の60％以上の休業手当の支払いが必要です。

　一方、感染症の予防及び感染症の患者に対する医療に関する法律（感染症予防法）では、感染症に感染していると疑うに正当な理由がある者については、都道府県知事が外出自粛等を要請できることとされており（同法44条の3、50条の2）、これに基づく保健所からの外

出自粛等の要請に応じてり患した従業員を休ませる場合には、「使用者の責に帰すべき事由による休業」には該当せず、休業手当を支払う義務はありません（参考：平21.10.30厚生労働省公表「新型インフルエンザ（A/H1N1）に関する事業者・職場のQ＆A」）。

●● 有効な対策を実施せず、被害が拡大した場合

　労働契約法5条は「使用者は、労働契約に伴い、労働者がその生命、身体等の安全を確保しつつ労働することができるよう、必要な配慮をするものとする。」としており、労働契約に付随して、使用者（事業者）には、従業員の心身の健康を維持できるように配慮する義務が課されています（安全配慮義務についてはNo.29参照）。

　感染症の種類にもよりますが、行政官庁から事業者に対して、事業自粛等の要請がない時点では、事業を継続したとしても、企業として法令に基づく安全衛生対策を適切に講じていれば、原則として、安全配慮義務違反にはならないと考えられます。

　しかし、何らの対策も講じず、り患者にも、感染のおそれのある者にも、さらには、健常者にも漫然と業務を遂行させ、り患者から発見されたウイルスの型が一致するなどり患の原因が企業内にあることが判明した場合には、それ以降のり患者には労災保険が適用される可能性が高くなり、企業の安全配慮義務違反が問われる可能性もあります。

　さらに、このような場合に、企業の関係者への感染拡大が確認された場合には、損害賠償請求が行われることも考えられます。

▶長時間労働と健康配慮義務

No.29 相談票
長時間労働者に対して健康管理上会社が行うべきことは

〈相談内容〉

　飲食チェーン店を経営しています。不況の昨今、人件費の予算枠が厳しく、各店舗ともおおむね店長・副店長クラスは長時間労働の傾向にあります。具体的には、パートタイマーやアルバイト等の欠員部分のシフトを店長・副店長がフォローする場合もあり、店舗の中には、ほとんど休む日もなく、毎日12時間以上働いている者もいます。先日は、ある店舗の店長が慢性的な疲労のため体調不良で数日休まざるを得ず、そのときは緊急で他店から応援要員を回して何とか対応しました。当社のような店長・副店長クラスについて、会社としてどのような健康管理を行うべきなのでしょうか。

ポイント!
　長時間にわたる過重な労働は疲労の蓄積をもたらす最も重大な要素であり、事業者として適切な健康管理を行う必要があります。

　特に、時間外・休日労働時間が1カ月100時間を超える労働者に対しては医師による面接指導を行い、必要とされる場合には、労働時間の短縮、深夜業の回数の減少など適切な事後措置を講じなければなりません。

　これらの措置は、管理監督者も含めてすべての従業員が対象となりますので、ご相談の店長が管理監督者であるかどうかにかかわらず、会社には健康管理についての措置が求められます。

　さらに、以上のような事後措置だけではなく、人件費枠が厳しいと

いうことではありますが、特定の者に長時間労働が集中しないよう、業務配分の調整、要員配置の見直し等を検討すべきでしょう。

従業員の安全・健康に配慮すべき義務

　事業者には、快適な職場環境の実現と労働条件の改善を通じて職場における労働者の安全と健康を確保しなければならない基本的な責務があります（安衛法3条）。

　また、使用者には、労働契約に付随して、従業員の生命・身体等の安全に配慮すべき義務（安全配慮義務）が課せられています（労働契約法5条）。この安全配慮義務は、最高裁判決（「陸上自衛隊損害賠償請求事件」昭50.2.25最高裁第三小法廷判決、「川義事件」昭59.4.10最高裁第三小法廷判決）によって確立した判例法理を労働契約法で法文化したもので、判例では「使用者は右の報酬支払義務にとどまらず、労働者が労務提供のため設置する場所、設備もしくは器具等を使用し又は使用者の指示のもとに労務を提供する過程において、労働者の生命及び身体等を危険から保護するよう配慮すべき義務（以下「安全配慮義務」という。）を負っているものと解するのが相当である。」（川義事件）と示されています。

　ご相談のような長時間労働者の健康管理に関しては、「健康配慮義務」として「安全配慮義務」と区別する考え方もありますが、前記の労働契約法5条が規定する安全配慮義務の趣旨は、従業員の心身の健康に配慮することも含まれますので、長時間労働などの過重負荷によって従業員が脳・心臓疾患等を発症したり、仕事上のストレスでうつ病等メンタルヘルス不調に陥ったりしないよう、使用者は、業務管理や職場環境の整備に配慮する必要があります。

　安全配慮義務ないし健康配慮義務は、労働契約上使用者と従業員との間に発生する民事上の義務ですから、これに違反したことをもって罰則が適用されるわけではありませんが、例えば、過重労働による

脳・心臓疾患の発症（過労死等）について、従業員側が使用者に対し、安全（健康）配慮義務の違反による債務不履行責任（民法415条）を理由に、損害賠償請求訴訟を提起するケースも少なくありません。

健康配慮義務の内容

どのような措置を講じれば健康配慮義務を果たしたことになるのか、健康配慮義務の内容については、一律に「これを行えば十分である」といえるものはありません。実際には、従業員の職種、業務の内容等具体的な状況に応じて、従業員の健康障害を防止するための措置や対策も異なってきますし、また、個々の従業員の健康状態や耐性も個人差がありますので、個別事案ごとの判断にならざるを得ません。

ただし、少なくとも、安衛法その他関連法令には、従業員の健康を保持するために使用者（事業者）が講ずべき措置等を実施することが義務付けられており、これらの法令を守っていることは、健康配慮義務の重要な要素の1つといえます。

過重労働による健康障害防止対策

長時間にわたる過重な労働は、疲労の蓄積をもたらす最も重要な要素と考えられ、さらには、脳・心臓疾患の発症との関連性が強いという医学的知見が得られています。これをもとに、過労死等の労災認定基準（「脳血管疾患及び虚血性心疾患等（負傷に起因するものを除く。）の認定基準」平13.12.12基発1063号）では、脳・心臓疾患の発症のリスクが高まる労働時間の目安が示されており、時間外労働が発症前1カ月間に100時間を超える場合や、発症前2～6カ月間に月平均80時間を超える場合には、発症のリスクが高まるとされています。

そして、この認定基準を踏まえ、厚生労働省では、長時間労働などの過重労働による健康障害（脳・心臓疾患等の発症（過労死等））を防止するため、「過重労働による健康障害防止のための総合対策」（平

18.3.17基発第0317008号)を示しています。

総合対策で示される事業者が講ずべき措置の内容は、大きく分けて①労働時間に関する対策と②従業員の健康管理に関する対策の2つです(なお、過重労働防止対策について詳細は3巻No.24参照)。

その概要をまとめますと、次のとおりです。

◆過重労働による健康障害を防止するため事業者が講ずべき措置の概要◆

過重労働防止のための措置		
Ⅰ	労働時間対策	(1) 36協定は限度基準に適合するように定める (2) 労働時間を適正に把握する (3) 年休の取得を促進する (4) 労働時間等の設定を改善する
Ⅱ	健康管理対策	(1) 健康管理体制を整備する (2) 健康診断と事後措置を実施する (3) 長時間労働者等に対して面接指導等を実施する
過重労働による業務上の疾病を発生させた場合の措置		
産業医等の助言を受けたり、労働衛生コンサルタントを活用しながら、原因の究明と再発防止対策の徹底を図る。		

過重労働防止のための安衛法上の健康管理上の措置

前記の過重労働防止対策のうちの労働時間対策については、時間外・休日労働をさせる場合について労基法等で定める手続きや限度基準に則り、個々の従業員について適正に労働時間を管理する必要があります。また、業務改善、年休の取得促進等に労使で取り組み、長時間労働を削減していくことが重要です(No.13、No.14参照)。

以下では、健康管理面について、安衛法令に定められる事業者の措置についてまとめておきます。

(1)健康管理体制の整備
　　・事業者は、安衛法に基づき、産業医や衛生管理者、衛生推進者等を選任し、その者に事業場における健康管理に関する職務等

を適切に行わせる（安衛法12条～13条）。
- 事業者は、衛生委員会等を設置し、適切に調査審議を行う等健康管理に関する体制を整備する（同法18条）。
- 50人未満の従業員を使用する事業場は、地域産業保健センターの活用を図る。

(2) 健康診断の実施と事後措置
- 定期健康診断等を実施し、診断結果に基づいて、医師等からの意見聴取、就業上の必要な措置を講じるなど事後措置を講じる（安衛法66条～66条の7）。
- 深夜業に従事する従業員が自発的に健康診断を受診した場合に費用の一部が助成される「自発的健康診断受診支援助成金」（深夜業従事者健康診断助成金）※を活用する。
- 脳・心臓疾患に関する健康診断項目すべてに異常の所見がある者については、二次健康診断等給付を活用する。

(3) 長時間労働者等に対する面接指導等の実施
- 時間外・休日労働時間数が1カ月当たり100時間を超える場合には、本人の申出により、医師による面接指導を受けさせる（安衛法66条の8）。
- 時間外・休日労働時間数が1カ月当たり80時間を超える場合や、45時間を超えていて健康への配慮が必要な場合には、できる限り面接指導やこれに準ずる措置を講ずる（同法66条の9）。

※自発的健康診断受診支援助成金は、平成22年度までで終了となります。

チェーン店の店長についての適用

　ご相談は、飲食チェーン店の店長・副店長の健康管理についてですが、労務管理について経営者と一体的な立場にある「管理監督者」には、労働時間・休憩・休日に関する労基法の規定が適用されません（労基法41条2号。管理監督者性の判断基準については2巻No.25参照）。

　ただし、ここで重要なことは、仮に管理監督者であっても、使用者（会社）には、店長等の健康に配慮すべき義務と責任を負っていることに変わりはないということです。

　裁判例でも、このことを前提に、ホテル課長の死亡について会社側の安全（健康）配慮義務違反が認められるとされた例（「ホテル日航大阪脳出血事件」平20.4.10神戸地裁判決）、ロボット制作会社の製造部長の死亡について会社側の安全（健康）配慮義務違反が認められるとされた例（「ハヤシ（クモ膜下出血死）事件」平19.10.24福岡地裁判決）、銀行の営業課長の死亡について業務上災害が認められた例（「札幌東労基署長（北洋銀行）事件」平18.2.28札幌地裁判決）等があります。

長時間労働を防止するための業務・要員の見直し

　長時間労働の問題の根本的解決には、単に健康管理の徹底のみで対応することは難しいでしょう。確かに人件費の予算枠が厳しいというお話もありますが、特定の者に長時間労働が集中することは問題です。

　業務内容の見直しによる業務の効率化、要員の新規採用を含めた要員配置の見直し、管理職から部下への権限委譲による業務の適正配分など、業務運営全体についても併せて再検討・改善していくことも必要であると考えられます。

▶健康診断

> 相談票
>
> No. 30
>
> **深夜業に従事する者の健康診断は**
>
> 〈相談内容〉
> 　当社は警備会社で、交替制で夜勤（週2回程度）があり、夜勤では仮眠を含めた休憩時間を設けています。1勤務の労働時間は、日中勤務と同じ8時間ですが、このような場合は、定期の健康診断は通常の日中勤務の場合と同様の一般健康診断を実施すればよいのでしょうか。それとも、健康診断項目や健康診断後の措置について、特別な措置を講じる必要があるのでしょうか。

ポイント！
　深夜業は、本来の生活リズムとは異なり、身体に負担がかかる勤務形態ですから、通常の定期健康診断とは異なり、深夜業従事者については、深夜業への配置替えの際と6カ月以内ごとに1回、定期に健康診断を実施しなければなりません。

　健康診断項目は、定期健康診断の場合と同様ですが、医師が必要でないと認めた場合の省略基準が異なっていますので、注意してください。

　健康診断実施後は、定期健康診断の場合と同様に、その結果に基づき異常所見者について、医師等からの意見聴取、就業上の措置等を講じなければなりません。

● **特定業務従事者の健康診断**

　通常業務に従事する従業員についての定期健康診断は、安衛法令上、1年以内ごとに1回実施することが義務付けられています（安衛

法66条、安衛則44条）。

　ただし、下枠の一定の業務（安衛則13条1項2号に掲げられた特定業務）に常時従事する従業員（特定業務従事者）については、その業務への配置替えの際と6カ月以内ごとに1回、定期に、健康診断を実施しなければなりません（安衛法66条、安衛則45条）。

　ご相談の場合のような夜勤（深夜業）を含む勤務は、人間本来の生活のリズムとは異なる勤務形態であるため、昼間勤務に比べ、身体に負担がかかっています。このため、深夜業も特定業務に含まれ（下枠中の⑩）、これに従事する従業員に対して、配置替えのときと少なくとも6カ月に1回の健康診断を実施しなければなりません。

　ここでいう「深夜業」とは、午後10時から翌日の午前5時までの間における業務をいいます。勤務時間の一部でも午後10時から午前5時までの時間帯にかかる場合は深夜の業務があるとされますし、交替制等の勤務の形態は問いません。

　また、深夜勤務の頻度がどのくらいなら特定業務従事者の健康診断の対象となるかについて、直接定めた法令上の規定はありません。しかし、深夜業従事者の自発的健康診断制度（安衛法第66条の2。153頁参照）の対象者の要件が、受診前6カ月間を平均して1カ月当たり4回以上深夜業に従事した者とされている（安衛則50条の2）ことから考えますと、月4回以上の深夜勤務などがその対象の目安となるものと考えられます。

◆特定業務◆

①多量の高熱物体を取り扱う業務及び著しく暑熱な場所における業務
②多量の低温物体を取り扱う業務及び著しく寒冷な場所における業務
③ラジウム放射線、エックス線その他有害放射線にさらされる業務
④土石、獣毛等のじんあいまたは粉末を著しく飛散する場所における業務
⑤異常気圧下における業務

⑥さく岩機、びょう打機等の使用によって、身体に著しい振動を与える業務
⑦重量物の取扱い等重激な業務
⑧ボイラー製造等強烈な騒音を発する場所における業務
⑨坑内における業務
⑩深夜業を含む業務
⑪水銀、ヒ素、黄りん、フッ化水素酸、塩酸、硝酸、硫酸、青酸、苛性アルカリ、石炭酸その他これらに準ずる有害物を取り扱う業務
⑫鉛、水銀、クロム、ヒ素、黄りん、フッ化水素、塩素、塩酸、硝酸、亜硫酸、硫酸、一酸化炭素、二硫化炭素、青酸、ベンゼン、アニリンその他これらに準ずる有害物のガス、蒸気または粉じんを発散する場所における業務
⑬病原体によって汚染のおそれが著しい業務　　　　　　　　　　等

健康診断項目

特定業務従事者の健康診断項目は、一般の定期健康診断の場合と同様です。ただし、医師が必要がないと認めた場合の省略基準は、通常の定期健康診断の場合とは異なっています（下表参照。なお、一般定期健康診断については3巻No.29参照）。

また、胸部エックス線検査については、1年以内ごとに1回、定期に実施すれば足りるものとされています。

◆特定業務従事者の健康診断項目と省略基準◆

	健康診断項目	省略基準
①	既往歴・業務歴	
②	自覚症状・他覚症状の有無	
③	身長・体重・腹囲・視力・聴力	【身長】20歳以上 【聴力】年2回のうち前半の1回を受けた者、または45歳未満（35歳・40歳を除く）は本表下の※印以外の方法で可

		【腹囲】①40歳未満の者（35歳の者を除く。） ②妊娠中の女性その他の者であって、その腹囲が内蔵脂肪の蓄積を反映していないと診断された者 ③ＢＭＩ（体重(kg)÷身長(m)÷身長(m)）が20未満の者 ④自ら腹囲を測定し、その値を申告した者（ＢＭＩが22未満の者に限る。）
④	胸部エックス線	＊1年以内ごとに1回、定期に実施すればよい。
	かくたん	①胸部エックス線検査によって病変が発見されない者 ②胸部エックス線検査によって結核発病のおそれがないと診断された者
⑤	血　　圧	
⑥	貧　　血	
⑦	肝機能（ＧＯＴ、ＧＰＴ、γ-ＧＴＰ）	40歳未満（35歳を除く） ＊後半の1回は、医師が必要でないと認める場合に省略可
⑧	血中脂質検査 （LDLコレステロール）	
⑨	血　　糖	
⑩	尿（尿中の糖・蛋白の有無）	
⑪	心電図	40歳未満（35歳を除く） ＊後半の1回は、医師が必要でないと認める場合に省略可

※ 聴力検査は、原則として、1,000Hzの30dB及び4,000Hzの40dBで純音を用いて、オージオメーターで検査します。

健康診断結果に基づく事後措置

　特定業務従事者の健康診断の実施後に事業者が講ずべき措置については、通常の定期健康診断の場合と同様です。健康診断結果は、個人ごとに「健康診断個人票」を作成（安衛法66条の3、安衛則51条）するとともに従業員へ通知し（同法66条の6）、異常所見のある者には、できる限り医師や保健師による保健指導を受けさせるようにしてください（同法66条の7）。また、異常所見のある者については、医師等（産業医等）の意見を聴いた上で（同法66条の4）、本人の実情を考慮して就業場所の変更、作業の転換、労働時間の短縮、深夜業の

回数の減少等の就業上の措置をとるほか、作業環境の測定、施設・設備の設置等を講じてください（同法66条の5）。

さらに、医師等からの意見は、衛生委員会等へ報告します（同法66条の5）が、その際、従業員の健康状態に関する個人情報はプライバシーに関わるものですから、その取扱いには十分配慮する必要があります。

◆健康診断の実施後の措置の流れ◆

① 健康診断を実施する
　（1）健康診断の結果を、「健康診断個人票」に記入し、5年間保存する。
　（2）健康診断の結果を、各従業員へ通知する。
　（3）従業員数50人以上の事業場については、「定期健康診断結果報告書」を、所轄労基署へ提出する。

異常所見者
↓
② 保健指導を受けさせる
↓
③ 医師等の意見を聴く　　従業員の作業環境、労働時間、過去の健康診断結果など医師等に情報を提供する

従業員のプライバシーに配慮
→ 衛生委員会等へ医師等の意見を報告する　　安全衛生委員会や労働時間等設定改善委員会※でもよい。

↓
④ 就業上の措置を講じる
就業場所の変更・作業の転換・労働時間の短縮・深夜業の回数の減少等

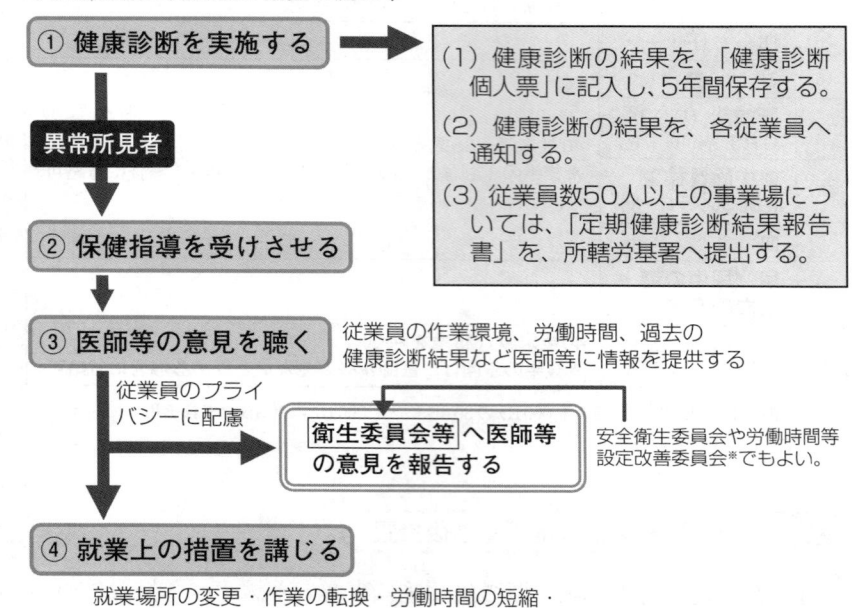

※労働時間等設定改善委員会とは、労働時間等の設定の改善に関する特別措置法第7条に基づき、労働時間等の設定の改善（所定外労働の削減、年休の取得促進等）について調査審議する労使協議機関として設置するもので、委員の5分の4以上の多数による決議をもって、労基法に定める労働時間等に関する労使協定に代えることができ、時間外・休日労働に関する決議以外は、所轄労基署へ届け出る必要はない。

深夜業従事者の自発的健康診断

深夜業に従事する従業員が自ら健康診断を受診した場合は、その結果を事業者に提出することができます（安衛法66条の2）。

事業者は、提出された健康診断の結果について、法定の定期健康診断と同様に医師から意見を聴き、必要があると認める場合には従業員の健康保持のため適切な措置を講じなければなりません。※

※自発的健康診断の促進を図るため、自発的に健康診断を受診した従業員に対し、受診に要した費用の一部を助成する自発的健康診断受診支援助成金制度は、平成22年度をもって終了します。

第5章

労災・雇用保険に関する相談

▶労災と健康保険

> [相談票] No.31
> ## 業務上の災害を健康保険で治療した場合は
> 〈相談内容〉
> 　3カ月ほど前に、従業員が業務中に階段を踏み外し、足を骨折しました。
> 　本来は労災として、労災保険の給付手続きを申請すべきだったのですが、本人が健康保険で治療してしまいました。会社からは、治療費と休業補償等の費用を本人に支給していましたが、その後骨折の回復が思わしくなく長引いていたところに、骨折が原因で他の部分に障害を起こしてしまいました。
> 　一旦健康保険で治療してしまったものを後から労災として労災保険から給付を受けられるのでしょうか。

ポイント！ 　仕事中にケガをしたり、仕事が原因で病気にかかったりした場合には、労災保険で補償することになっており、健康保険で治療することはできません。

　誤って健康保険で治療してしまった場合、早急に協会けんぽ・所轄労基署へ申し出て健康保険から労災保険へ切り替える手続きをする必要があります。

　このまま放置しておくと、会社の「労災かくし」とみなされる場合があり、その場合、健康保険法に違反するだけでなく、労災が起こったときに安衛法上義務付けられている「労働者死傷病報告」の提出義務にも違反して罰則の対象にもなりますので、注意が必要です。

業務上のケガと健康保険

　業務上、ケガをしたり病気にかかったりした場合には、労災保険で補償することになっており、本来、健康保険は使えません。
　しかし、被災した従業員がそのことを知らない場合や業務上か否かが明確でない場合など、本来労災保険で治療すべきところを健康保険で治療するケースは往々にしてあります。
　このような場合は、健康保険を所管する全国健康保険協会（協会けんぽ）及び労災保険を所管する労基署の双方に申し出て、その指示に従って労災保険に切り替える手続きを早急に行う必要があります。

健康保険から労災保険へ切り替える手続き

　ご相談の場合のように、業務上のケガ（労災）を健康保険で治療してしまった場合は、早急に「療養補償給付たる療養の給付請求書」（様式5号）を治療を受けた病院へ提出します。その病院が労災指定病院の場合は、初診した月中に申請すれば、労災としてその場で健康保険で受診した分の費用が精算される場合があります。
　一方、健康保険で受診した費用をすぐに精算してもらえない場合は、協会けんぽ（事業所所在地の各都道府県支部）へ誤って健康保険で受診したことを伝え、健康保険の立て替え分（治療費の自己負担額3割を差し引いた7割）をいったん支払います。このときに発行される領収書と「療養補償給付たる療養の費用請求書」（様式7号）を併せて所轄労基署へ提出すれば、後日労災保険から治療費の10割（全額）が支給されます。
　労災保険への切り替え手続きは、時間や手間がかかります。労災保険給付の請求は、被災した従業員等が行うものですが、会社は労災保険から治療費の支給を受けるまでの間、費用を立て替えたり、実際の手続きは被災した従業員の委任を受けて会社が行うなどの援助をする必要があるでしょうし、実際多くの会社ではそうしているようです。

労働者死傷病報告書の未提出と労災かくし

事業者は、労働災害が発生して4日以上の休業を要する場合は、遅滞なく所轄労基署長へ「労働者死傷病報告」を提出しなければなりません（安衛法100条1項、安衛則97条1項）。この報告は、労働災害の原因究明、再発防止等のために事業者に義務付けられている重要な報告ですので、この報告書を提出しないと、いわゆる「労災かくし」として、厳しい処罰の対象となります（50万円以下の罰金。安衛法120条）。

「労災かくし」とは、会社が労働災害を発生させたことを公にしたくないなどの理由から、「労働者死傷病報告」を意図的に提出しなかったり、虚偽の記載をすることをいいます。このことが判明することを恐れて、労災保険の請求がなされないように、従業員に言い含めて健康保険で治療させてしまうといった悪質なケースもみられます。

会社が労災かくしをする動機はさまざまですが、次のような例が多くみられます。

◆労災かくしの動機◆

① 災害の原因に法違反がある場合に、その責任を追及されることを心配するため

② 元請事業者が、発注者に労働災害の発生を知られることにより、今後の公共工事等の受注に不利になることを心配するため

③ 下請業者が、自らの従業員に労働災害が発生したことが元請に知られると、安全管理体制の評価が下がり、その後の請負仕事の発注がもらえないことを心配するため

④ 労災保険を使用すると労災保険のメリット制（労災保険の保険金等の支払いの多寡により保険料の増額、減額が行われる制度）に影響を与えるので、そのことを心配するため

▶退職後の労災保険給付

> 相談票
>
> No. 32
>
> ## 労災保険の休業補償などを受けている場合の定年退職は
>
> 〈相談内容〉
> 　近々、就業規則の定めにより、誕生日で会社の定年（満60歳）に達して退職する従業員がいますが、その者は現在、業務上の疾病で労災保険の休業補償給付などを受給しています。まだ、治りそうもありませんが、この場合に、定年に達したことをもって退職とすることができるのでしょうか。また、定年退職後は労災保険からの給付は打ち切られてしまうのでしょうか。

ポイント！　従業員が一定の年齢に達したときに自動的に退職となる「定年退職」の場合は、業務上の災害で休業している期間であっても退職を妨げません。退職後、その者が、休業補償の要件である「療養のため就業できない」状態にあれば、在籍のいかんにかかわらず、労災保険から休業補償給付などが支給されます。
　一方、従業員が一定の年齢に達したことをもって解雇の手続きに従う「定年解雇」の場合は、業務上の災害の療養期間とその後30日を経過しなければ解雇することができません。

定年退職と定年解雇

　定年制には、従業員が一定の年齢に達したときに、当然に労働契約が終了する「定年退職制」と、従業員が一定の年齢に達したときに、

使用者が解雇の意思表示をすることにより労働契約が終了する「定年解雇制」があります。

定年解雇制の場合は、労基法に定める解雇に関する規定が適用され、原則として30日前までの解雇の予告か、予告期間がそれに足りない場合は足りない日数分の平均賃金を解雇予告手当として支払う必要があります（労基法20条）。

また、ご相談のように、定年に達する者が業務上の傷病等により療養している場合は、療養期間とその後30日間は解雇することができません（同法19条）。ただし、療養開始後3年を経過した日において、労災保険の傷病補償年金を受けている場合、あるいはその日後に傷病補償年金を受けることとなった場合は、打切補償（療養開始後3年を経過しても治らない場合に使用者が平均賃金の1,200日分を支払うことによって補償を打ち切ること。同法81条）があったものとみなされるため、解雇の制限は受けません。

定年退職と定年解雇のどちらをとるかは、各会社の就業規則等の定め方によりますが、一般的には定年退職の取扱いにしている企業が多いでしょう。

定年退職の場合は、定年により当然に労働関係が終了しますので、解雇規制を受けず、したがって、前記労基法19条の適用はありません。

退職後の休業補償給付

業務上の災害のために、労働者災害補償保険法（以下「労災保険法」といいます。）に基づき、療養補償給付（治療）及び休業補償給付を受けている途中で退職によって従業員の身分がなくなった場合について、「保険給付を受ける権利は、労働者の退職によって変更されることはない。」（同法12条の5・1項）と定めています。

「保険給付を受ける権利」とは、保険関係が成立している事業に使用される従業員に発生した労働災害に係る保険給付を意味しており、また、ここでいう「退職」とは、使用者による解雇、契約期間満了に

よる労働契約の終了、従業員からの辞職、定年退職などを問わず、労働関係が終了することをいいます。

　ちなみに、労災保険制度は、もともと労基法に定められた使用者の災害補償責任を保険の形でリスクを分散して被災した従業員等への確実な給付を保障したものであり、使用者（事業主）から徴収した保険料によって各種労災保険給付等が賄われています。労災保険法の母体である労基法にもまた、「保険給付を受ける権利は、労働者の退職によって変更されることはない。」（労基法83条1項）と定められており、労災保険法の前記の規定に対応しています。

　ご相談のように、現在休業補償給付等を受けている場合には、定年到達時においても、「療養のため就業できない」という休業補償給付の支給要件に該当する状態に変わりがなければ、療養補償給付や休業補償給付は支給されることになっています。

　なお、療養補償給付及び休業補償給付を受けている従業員が、療養の開始後1年6カ月を経過してもその負傷あるいは疾病が治ゆ（症状固定）しない場合で、かつ、傷病の程度が一定の等級に該当するときは、傷病補償年金に移行することになります（労災保険法12条の8・3項）。この規定は、退職者で療養補償給付及び休業補償給付を受けている者にも適用されますので、退職後であっても、上記傷病補償年金へ移行する要件を満たせば、傷病補償年金を受給することができます。

▶雇用保険・健康保険

No. 33 　　　相談票
被扶養者となった者の求職者給付

〈相談内容〉

　従業員Ｃの妻が自己都合で退職した後、申請があり、健康保険の被扶養者となりました。先日、その従業員から相談を受けたのですが、妻が退職から３カ月程経った後、再就職を目指して就職活動を開始したいので、ハローワークで求職申込みの手続きをしようと考えているようです。

　健康保険の被扶養者となっている場合でも、失業給付（求職者給付）を受給することはできるのでしょうか。また、失業給付を受ける場合は、健康保険の被扶養者からはずす手続きが必要になるのでしょうか。

ポイント！

　協会けんぽ管掌の健康保険では、同居の場合は原則として、年収が130万円（60歳以上の場合等は180万円）未満で、かつ、被保険者の年収の２分の１未満でないと被扶養者になれないとされていますが、ここでいう年収には雇用保険の基本手当も含まれます。

　したがって、基本手当の日額が一定額（3,611円）を超えるときは、基本手当の受給中は被扶養者になれず、国民健康保険に加入する必要がありますので、注意が必要です。ただし、自己都合退職などによる３カ月間の給付制限期間中は、基本手当を受給できませんので、当該期間は被扶養者となることができます。

健康保険の被扶養者の要件

　全国健康保険協会（旧政府管掌。「協会けんぽ」といいます。）管掌の健康保険の場合、被扶養者となるには、被保険者と同居の場合は原則として年収が130万円（60歳以上の場合は180万円）未満で、かつ被保険者である配偶者（夫）の年収の2分の1未満であることが要件とされていますが、ここでいう年収には、年金や給与のほか、失業した場合に雇用保険から支給される求職者給付（基本手当等）も含まれます。

　したがって、基本手当の日額が年収の130万円を360日で除した額（3,611円）を超える場合は、被扶養者になることができません。なお、基本手当の日額は、公共職業安定所（以下「ハローワーク」といいます。）で求職の申込みをした際に交付される「雇用保険受給資格者証」に記載されています。

◆収入のある被扶養者の認定の基準（扶養家族が被保険者と同居している場合）◆

①扶養家族（妻）の収入が130万円（180万円）未満で、かつ、被保険者（夫）の収入の2分の1未満である場合

2分の1未満	
扶養家族（妻）の収入	
被保険者（夫）の収入	

→ 被扶養者となる

②扶養家族（妻）の収入が130万円（180万円）未満で、かつ、被保険者（夫）の収入の2分の1以上である場合

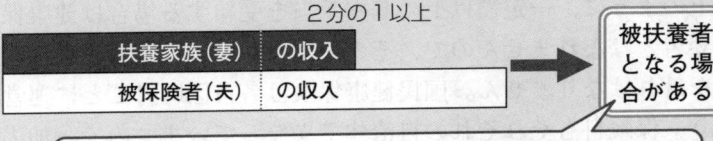

2分の1以上	
扶養家族（妻）の収入	
被保険者（夫）の収入	

→ 被扶養者となる場合がある

①被保険者（夫）の収入が、その世帯の中心をなしていない場合は被扶養者とはならない。
②扶養家族（妻）の収入が、被保険者（夫）の2分の1以上になっても、130万円未満であれば、その生活状況を総合的にみて被扶養者とされる場合がある。

被扶養者が求職者給付を受ける場合

　ご相談の場合は、従業員Cさん（健康保険の被保険者）の奥さんがCさんの被扶養者となった後で、再就職のためにハローワークへ行き、失業認定の手続きと雇用保険からの基本手当の受給手続きを行うということですが、被扶養者であっても、雇用保険の受給要件を満たせば、基本手当を受給すること自体は可能です。ただ、前記のとおり、基本手当の額が3,611円を超える場合には、健康保険の被扶養者となる要件である年収130万円（原則）を超えてしまいますので、この場合には、Cさんの健康保険の被扶養者からCさんの奥さんをはずす手続きを申請する必要があります。

　また、ご相談では、Cさんの奥さんは自己都合で退職されているということですから、退職後、ハローワークへ失業の認定の申請手続きをした日から7日間（待期期間）経過後、3ヵ月間は給付制限期間となり、この間は基本手当を受給できませんが、その間は他に年金等の収入がない限り、被扶養者のままでも差し支えありません。

　なお、健康保険組合管掌の健康保険の場合には、その健康保険組合によって被扶養者の認定基準が異なり、基本手当の受給中は日額の金額にかかわらず被扶養者として認定しない、とするところもあります。

被扶養者でない期間の健康保険

　以上のように、一定額以上の基本手当を受給する場合は健康保険の被扶養者とはなれませんので、その期間については国民健康保険に加入しなければなりません。国民健康保険は各市区町村ごとに運営されており、保険料もそれぞれの自治体で異なっていますので、加入手続きや保険料額等の詳細については、住所地の市区町村に問い合わせてみるとよいでしょう。

　ところで、基本手当の日額が3,611円を超える場合でも、基本手当の受給額を含めた年収の見込額が130万円未満であれば、基本手当の

受給中は被扶養者になれなくても、基本手当の受給終了後に改めて被扶養者になることができます。基本手当の受給が終わっても再就職が決まらず、収入を得る見込みがないときは、再度被扶養者の申請手続きをすることも可能です。

第6章
パートタイマー・派遣労働者・請負に関する相談

▶パートタイマーの均衡待遇

No.34 相談票
今後のパートタイマーの待遇は

〈相談内容〉

　当社は小売業で、本部のほか県内5カ所にスーパーの店舗を持っており、全部で40人ほどのパートタイマーを雇用し、それぞれ大きな戦力として活躍してもらっています。

● これまで、パートタイマーの待遇については、社内規程を整備するなどによりできるだけの配慮をしてきたつもりですが、先日、同業者の会合の場で、パートタイマーに関する法律に関連して、その雇用の形態によっては正社員と同じ待遇にしなければならないということで、パートタイマーの処遇をどうすればよいのかということが話題になりました。

● 当社のパートタイマーの仕事もさまざまですが、勤続年数の長いベテランのパートタイマーには、発注量の決定も含めて発注業務を任せたり、若い社員の指導をしてもらっています。

　具体的には、パートタイマーによってどのような基準で正社員と待遇を同じにしたり、区別したりすればよいのでしょうか。

ポイント！　パート労働法では、通常の労働者と同視すべきパートタイマーについては、賃金の決定その他の待遇について通常の労働者と差別した取扱いをしてはならないとされています。このため、まず、雇用しているパートタイマーについて、この法律でいう「通常の労働者と同視すべき短時間労働者」に該当する人がいるか否かを再点検してみましょう。

また、働き方が通常の労働者と同じでないパートタイマーであっても、賃金等の待遇について、正社員と比較して均衡のとれた取り扱いを具体的に検討する必要があります。

パートタイマーの均衡待遇

　正社員よりも短い時間で働くパートタイマーであっても、補助的な作業をする方もいれば、基幹的な仕事をして正社員とほとんど変わらない働き方をしている方もいます。このように、就業の実態が多様であるにもかかわらず、「正社員だから」、「パートタイマーだから」という雇用形態の違いだけで、一律に賃金その他の労働条件が正社員と比較して低い状態に置かれている実態もあります。
　そこで、パートタイマーの労働条件その他の待遇を改善していくとともに、パートタイマーのモチベーションを上げ、より積極的に活用できるよう、パート労働法の改正（平成20年4月1日施行）により、就業の実態に応じた待遇に関する規定が定められています。
　就業の実態に応じた待遇とは、働き方が正社員とほとんど変わらないパートタイマーついては正社員と差別した待遇をすることを禁止し、正社員と働き方が異なるパートタイマーでも、仕事の内容や能力、意欲等の違いに応じて正社員とのバランスのとれた待遇をすることです。

通常の労働者と同視すべき短時間労働者

　パート労働法では、「通常の労働者と同視すべき短時間労働者については、短時間労働者であることを理由として、賃金の決定、教育訓練の実施、福利厚生施設の利用その他の待遇について、差別的取扱いをしてはならない。」と定めています（8条）。
　ここで、「通常の労働者」とは、いわゆる正社員のほか、正社員が

いない事業所の場合は、例えばフルタイムで働く有期契約労働者で、基幹的な業務を行う者などが含まれます。

また、正社員等との差別的取扱いが禁止されている「通常の労働者と同視すべき短時間労働者」は、次のすべての要件を満たす者とされています。

◆通常の労働者と同視すべき短時間労働者の要件◆

①業務の内容とその業務に伴う責任の程度（業務の内容と責任の程度を合わせて「職務の内容」といいます。）が、その事業所に雇用される通常の労働者と同一の短時間労働者（「職務内容同一短時間労働者」といいます。）であること
②事業主との雇用関係が終了するまでの全期間において、その職務の内容と配置が通常の労働者の職務の内容と配置の変更と同一の範囲で変更されると見込まれる者であること
③事業主と期間の定めのない労働契約を締結していること

これらの各要件の内容について関係通達に沿って解説しましょう。

まず、①の「職務の内容」のうち「責任の程度」とは、具体的には、授権されている権限の範囲（単独で契約締結が可能な金額の範囲、管理する部下の数、決裁権限の範囲など）、業務の成果について求められる役割、トラブル発生時や臨時・緊急時に求められる対応の程度、ノルマなどの成果への期待の程度等を指すとされています。これらについて通常の労働者とほぼ同一の者が「職務内容同一短時間労働者」となります。

次に、②の「職務の内容と配置の変更が同一」とは、例えば、ある事業所において、一部の部門に限っての人事異動等の可能性のある者と全部門にわたっての人事異動等の可能性がある者とでは「同一」ではないとされます。また、「見込まれる」ということについては、例えば、転勤等の人事異動に関しても、これまでの実態だけでなく客観的な観点から将来の可能性を含むものとされています。

そして③にいう「期間の定めのない労働契約」は、期間の定めなく雇用されたパートタイマーはもちろん、期間の定めのある契約であってもそれが反復継続され、期間の定めのない契約と実質的には同じ状態に至っている場合も含むと解されています。
　以上、要件の内容を詳細に見てみますと、「通常の労働者と同視すべき短時間労働者」に該当するパートタイマーはかなり限定されてくるのではないかと思われます。

差別的取扱いをしてはならない

　前記3つの要件をすべて満たしたパートタイマーについては、賃金の決定その他の待遇について通常の労働者と差別的な取扱いをしてはならないこととなります。
　ここで待遇のうち賃金の決定が例示として特記されているのは、実態として、賃金面においてパートタイマーと通常の労働者（正社員）との間の格差が最も大きな問題とされているためと考えられますので、賃金の決定に関して少し詳しく見てみましょう。
　賃金の水準（額）については、通常の労働者である正社員の中でもその考課査定によって違いが認められていますので、査定の結果、賃金水準がパートタイマーと正社員で異なったものとなったとしても差別的取扱いとはなりませんし、そのパートタイマーの所定の労働時間が短いことに比例して賃金額が低くなることについても同様です。
　また、賃金制度について考えてみますと、一般に、賃金制度には年功型と成果型があるわけですが、これについては、前記の「同視すべき短時間労働者」に該当しないパートタイマーと通常の労働者との賃金の決定に関して均衡を求めている法律（9条）の趣旨からすると、通常の正社員に年功型が採られていれば年功型、成果型が採られていれば成果型とすることが適当ではないかと考えられます。

通常の労働者と就業の実態が異なるパートタイマーの待遇

　以上のような就業の実態が通常の労働者と同視できるパートタイマー以外のパートタイマーについて、パート労働法は、働き方の違いに応じ、賃金の決定、教育訓練、福利厚生施設の利用について、以下のように、通常の労働者と均衡のとれた待遇をすることを定めています。また、同法に基づくパート指針には、法定されている事項以外についても均衡を考慮した待遇をするよう努めるべきことが示されています。

(1)賃金の決定

　職務の内容に密接に関連した賃金（基本給、賞与、役付手当等）について、通常の労働者との均衡を考慮しつつ、パートタイマーの職務の内容、成果、意欲、能力、経験等を勘案して決定するように努めなければなりません（パート労働法9条1項）。

　また、通常の労働者と職務の内容（業務の内容とその業務に伴う責任の程度）が同じパートタイマー（職務内容同一短時間労働者）であって、人材活用の仕組みや運用など（配置の変更、人事異動の有無など）が通常の労働者と同一の者については、その同一である一定の期間は、職務の内容に密接に関連した賃金を、通常の労働者と同一の方法で決定するように努めなければなりません（同条2項）。

　さらに、職務の内容に密接に関連しない賃金（退職手当、通勤手当等）についても、その就業の実態、通常の労働者との均衡に考慮して定めるように努めるものとされています（パート指針第3の1(2)）。

(2)教育訓練

　職務の遂行に必要な能力を付与する教育訓練については、職務の内容が同じパートタイマーに対しても、通常の労働者と同様に実施

しなければなりません。ただし、その能力をすでに取得しているパートタイマーには重ねて当該教育訓練を実施する必要はありません（パート労働法10条1項）。

また、上記以外の一般的な教育訓練については、職務の内容が異なるパートタイマーも含め、通常の労働者との均衡を考慮しつつ、その職務の内容、成果、意欲、能力、経験等に応じて実施するように努めなければなりません（同条2項）。

(3) 福利厚生

通常の労働者に対して利用の機会を与える福利厚生施設（給食施設、休憩室、更衣室）について、パートタイマーにも利用の機会を与えるように配慮しなければなりません（同法11条）。

さらに、上記の福利厚生施設以外にも、医療、教養、文化、体育、レクリエーション施設の利用その他福利厚生措置についても、就業の実態、通常の労働者との均衡等を考慮した取扱いをするように努めることとされています（パート指針第3の1（3））。

ご相談の場合も、一定の判断を伴う発注業務や若手社員の指導など重要な職務を行うパートタイマーもおられるようですので、以上のような就業の実態の判断基準に照らして、正社員と同じ就業の実態があれば正社員と同じ待遇にしなければなりませんし、異なる場合であっても、その違いに応じて前記のような正社員との均衡のとれた待遇とする必要があります。

◆パートタイマーの均衡待遇措置（まとめ）◆

通常の労働者と比較して、			賃金		教育訓練		福利厚生	
職務の内容（仕事の内容及び責任）	人材活用の仕組みや運用など（人事異動の有無及び範囲）	契約期間	職務関連賃金・基本給・賞与・役付手当等	左以外の賃金・退職手当・家族手当・通勤手当等	職務遂行に必要な能力を付与するもの	左以外のもの（ステップアップなど）	給食施設・休憩室・更衣室	左以外のもの（慶弔休暇、社宅の貸与等）
①同視すべき者	全雇用期間を通じて同じ	無期or反復更新により無期と同じ	◎	◎	◎	◎	◎	◎
②職務と人材活用の仕組みや運用などが同じ者	同じ	一定期間は同じ	□	－	○	△	○	－
③職務の内容が同じ者	同じ	異なる	△	－	○	△	○	－
④職務の内容も異なる者	異なる	－	△	－	△	△	○	－

◎…パートタイマーであることによる差別的取扱いの禁止　　○…実施義務
□…同一の方法で決定する努力義務・配慮義務
△…職務の内容、成果、意欲、能力、経験等を勘案する努力義務

（参考：厚生労働省リーフレット「パートタイム労働法が変わりました！」）

▶正社員への転換推進措置

> No. 35　　　　　相談票
>
> **パートタイマーから正社員への登用にも
> ルールがあるのですか**
>
> 〈相談内容〉
> 　近隣3県で8店舗のホームセンターを展開している会社です。現在、本部で正社員の募集を行っているところです。ところが、本部にいるパートタイマーから、「先日、家で新聞に折り込まれている求人のペーパーで、ウチの会社が正社員を募集しているのを知った。社内にいる私たちにはそのことを何も知らされていない。私だって機会があれば正社員になりたい。」と言われました。
> 　パートタイマーと正社員はもともと仕事も責任も違いますし、採用当初からその前提で働いてもらっています。それでも正社員を募集するときは、社内のパートタイマーにも声をかけなければならないのでしょうか。

　ポイント！　パート労働法では、社内のパートタイマーが正社員（通常の労働者）へ転換することを推進する措置として、①正社員の募集条件の周知、②パートタイマーが正社員のポストに応募する機会の付与、③正社員への転換試験制度等のうちのいずれかを講じることが義務付けられています。

　このため、これらのいずれの措置を講じるにせよ、正社員へ転換するための応募条件や登用基準を具体化・明確化するとともに、実質的にパートタイマーが正社員へ転換する途を狭めることのないよう公正な基準設定や運用を行うことが重要です。

通常の労働者への転換を推進するための措置

　パート労働法では、事業主に、その雇用するパートタイマーについて、通常の労働者への転換を推進するための措置を講じることを義務付けています（同法12条）。

　パートタイマーの中にも、ご相談の場合のように、機会があれば正社員になりたいと希望している人も相当います。企業としても、パートタイマーから正社員へ転換する途を開くことにより、能力・意欲のあるパートタイマーから優秀な人材をより有効に活用することが期待されます。

　ここでいう「通常の労働者への転換を推進するための措置」は、次の3つの措置をいい、事業主は、これらのいずれかの措置を講じなければなりません。

◆通常の労働者への転換推進措置◆

転換推進措置	具体例
①募集条件の周知	
通常の労働者の募集を行う場合に、当該募集に係る事業所に掲示する等により、その者が従事すべき業務の内容、賃金、労働時間その他の当該募集に関する事項を当該事業所で雇用するパートタイマーに周知する。	ハローワークの求人と併せてその募集案内を事業所内にも掲示して、パートタイマーにもその内容を周知する。 ※周知は募集期間終了までに希望者が見ることのできる状態にあることが必要。 ※パートタイマーが通常目にする掲示板への掲示、回覧や電子メール（パートタイマー個々人にもパソコンが配付されている場合）による一斉送信など
②応募機会の付与	
通常の労働者の配置を新たに行う場合において、当該配置の希望を申し出る機会を当該配置に係る事業所において雇用する	パートタイマーに優先的な応募機会を与えるというものであり、いわゆる「社内公募制度」というものもこれに該当する。

	パートタイマーに対して与える。	
③通常の労働者への転換制度の導入		
	一定の資格を有するパートタイマーを対象とした通常の労働者への転換のための試験制度を設ける。	※いわゆる「社内登用試験制度」をいう。 ※「一定の資格」には、例えば、勤続年数、その職務に必要な資格などが当たる。

　また、上表の①から③までに掲げるもののほか、通常の労働者として必要な能力を取得するための教育訓練を受ける機会を確保するための必要な援助を行う等、通常の労働者への転換を推進するための措置を講ずることとされています。ここでいう「必要な援助」とは、例えば、会社側から教育訓練プログラムを提供すること、他から提供されるプログラムの費用の援助や訓練に参加するための時間的な配慮を行うことなどが考えられます（改正パート労働法施行通達「短時間労働者の雇用管理の改善等に関する法律の一部を改正する法律の施行について」（平19.10.1基発1001016号、職発1001002号、能発1001001号、雇児発1001002号））。

転換推進措置を講じる際の注意点

　以上のような「通常の労働者への転換を推進するための措置」の具体的な解釈について、下記のとおり補足しておきます。

① 通常の労働者の募集条件を周知しただけにとどまり、応募する機会を与えないことはこの「措置」を講じたことにはならない。
② 募集する求人の職務が一定の専門的資格を要するものである場合に、その事業所にその資格を有するパートタイマーがいないことが明らかなときは、周知しなくてもよい。
③ 例えば、パートタイマーから契約社員へ、さらに、契約社員から通常の労働者へ転換する制度を設けている場合には、「措

置」を講じたことになる。
④　周知が必要なのは通常の労働者の募集を行う場合であるので、その募集が必要でない場合は周知の必要はない。

登用基準と募集案内

　ただ単に「通常の労働者（正社員）に登用する」と周知しても、その登用基準などが明らかでないと、パートタイマーの中で応募しようとする人がいてもなかなか手を挙げにくいでしょう。

　パートタイマーから希望があれば、必ず正社員に転換させなければならないわけではありませんが、公正・客観的な制度となっていなかったり、転換の要件として必要以上に厳しい要件を課すような仕組みは、措置として十分ではありません。

　そこで、一般に行っている正社員の採用基準等を勘案するとともに登用について公正・公平を期す観点からも、例えば、次の①のような登用基準を整理した上で、②のような事項の募集案内（募集内容）を周知することが適当と考えられます。

◆正社員への登用基準、募集案内・応募用紙の記載事項の例◆

①登用基準	（基準の例） ・本人の意思の確認 ・パートタイマーとしての勤続年数 ・個別面接（役員面接） ・過去３年程度の人事評価等 ・上司の推薦 ・一般教養の筆記試験・レポート等の提出
②募集案内	（記載事項例） ・募集部署（勤務地） ・職務（業務）内容 ・応募資格（専門的資格が必要な場合はそれを明記。） ・登用後の労働条件（転勤等の有無等を含む。） ・正社員への登用日

	・募集期間選考方法 ・試験日 ・結果通知日
③応募用紙	（記載事項例） ・応募年月日 ・応募者氏名・印 ・現在従事している業務内容 ・志望動機 ・自分の長所

▶派遣元責任者

相談票

No. 36

派遣元責任者の資格要件は

〈相談内容〉
　自動車関係の下請工場に、労働者を派遣しています。
　労働者を派遣する場合、派遣元事業主は派遣元責任者を選任しなければならないと聞きましたが、派遣元責任者には、法的な資格要件はあるのでしょうか。資格要件があるとしたら、資格要件に該当しない者を選任した場合は、罰則の適用があるのでしょうか。

ポイント！
　派遣元事業主には、派遣労働者を保護する観点から、一定の職務を行わせるため、派遣する労働者の数に応じて、資格要件に該当する派遣元責任者を選任することが義務付けられています。
　中でも、製造業務に派遣労働者を派遣する場合は製造業務専門派遣元責任者を選任する必要があります。
　これらの義務に違反すると罰則の適用があります。
　ところで、派遣元責任者に関しては、派遣元責任者講習が行われています。これを受けることは、派遣元責任者の資格要件には含まれませんが、一般労働者派遣事業を行う場合は、派遣元責任者講習を終了した派遣元責任者を選任していないと事業の許可が得られないため、派遣元責任者講習を終了した者を派遣元責任者として選任することが一般労働者派遣事業を行う不可欠な要件となります。

派遣元責任者の選任

　労働者派遣事業においては、派遣労働者を雇用する事業主（派遣元）と直接使用（指揮命令）する事業主（派遣先）が異なる雇用形態であるため、いわば二元的に労務管理が行われることとなります。派遣労働者を保護するためには、両者の間で密接な連絡調整の下に労務管理が行われることが不可欠です。そこで、派遣元事業主には次表に掲げる派遣労働者数の区分に応じて派遣元責任者の選任が義務付けられており、適正な雇用管理が求められています（派遣法36条、派遣則29条）。

　特に物の製造業務に労働者派遣をする場合には、次表のとおり、当該業務に従事する派遣労働者を専門に担当する派遣元責任者（製造業務専門派遣元責任者）の選任が必要となっています。

　なお、派遣先事業主にも同様に、派遣先責任者の選任が義務付けられています（派遣法41条、派遣則34条）。

◆派遣元責任者の法定人数◆

一般的業務に派遣する場合		物の製造の業務に派遣する場合	
派遣労働者数	派遣元責任者選任必要数	製造業務派遣労働者数	製造業務派遣元責任者選任必要数
1～100人	1人以上	1～100人	1人以上（一般と兼任可）
101～200人	2人以上	101～200人	2人以上（うち1人は兼任可）
201人以上	200人を超える100人ごとに1人追加	201人以上	200人を超える100人ごとに1人追加（うち1人は兼任可）

派遣元責任者の法令上の資格要件

　派遣元責任者については、一般労働者派遣事業（常用雇用労働者のみを派遣している労働者派遣事業以外の労働者派遣事業）の許可に係

る欠格事由（派遣法6条）のうち1号から4号までに該当しない者（未成年者は除きます。）の中から派遣法施行規則（派遣則）に定めるところにより選任しなければならないとされています（同法36条）。

欠格事由に該当する者とは、①禁固刑あるいは労働関係法令等一定の法律による罰金刑に処せられ、それが執行されてから5年以内等の者、②社会・労働保険関係法令等一定の法律による罰金刑に処せられ、それが執行されてから5年以内等の者、③成年被後見人・成年被補佐人・破産者で復権を得ない者、④一般労働者派遣事業の許可を取り消され、それから5年以内の者などです。これらに該当する者は、派遣元責任者に選任することができず、また、未成年者も選任できません。

派遣元事業主は、これら欠格事由に該当しない者をその事業所に専属の派遣元責任者として自社で雇用する従業員の中から選任しなければなりません（派遣則29条1号）。

なお、これら法令に定める資格要件等に則って選任することなく労働者を派遣就業させた場合には、30万円以下の罰金に処せられることがあります（派遣法61条3号）ので十分ご注意ください。

許可基準に基づく派遣元責任者の間接的な資格要件

一般労働者派遣事業を行う場合には、厚生労働大臣の許可を得る必要があります（派遣法5条）が、この許可基準の中に、「申請者が、当該事業の派遣労働者に係る雇用管理を適正に行うに足りる能力を有するものであること」と規定されており（同法7条1項2号）、また、この許可には条件を付しまたはこれを変更することができるとされています（同法9条）。

そして、これらについての具体的、かつ詳細な許可基準が「労働者派遣事業関係業務取扱要領」（厚生労働省職業安定局公表。平11.11.17女発325号、職発814号別添。平22.4.1改正）に定められていますが、この中に「派遣元責任者に関する判断」が示されており（184頁「参考」参照）、派遣元責任者がその判断基準を満たさなければ一般労働

者派遣事業が許可されません。

派遣元責任者講習を受けていること

　許可基準の「派遣元責任者に関する判断」の中に、「職業安定局長に開催を申し出た者が実施する『派遣元責任者講習』を受講（許可の申請の受理の日前3年以内の受講に限る。）した者であること」という基準があります。派遣元責任者講習は、関係法令、派遣元責任者の職務等についての理解を深め、派遣元事業所での適正な雇用管理と事業運営の適正化を目的として開催されているものです。この講習を受けている者であることは、派遣元責任者の選任要件（法定の資格要件）ではありませんが、一般労働者派遣事業の許可を受けるためには、派遣元責任者がこの講習を受けていることが条件となります。そして、事業の許可を受ける場合には、派遣元責任者の氏名等を記載することが必要（派遣法5条2項4号）ですし、これを変更する場合にも届出が必要となります。（同法11条）したがって、派遣元責任者講習を受けていない者を選任して一般労働者派遣事業を行うことは事実上できないことになります。

　なお、一般労働者派遣事業の許可申請書や変更の届出に虚偽の記載をした場合も罰則（30万円以下の罰金。同法61条）の適用を受けますので、注意が必要です。

参考 一般労働者派遣事業の許可基準に定める派遣元責任者の資格要件 〈許可基準（抄）〉

（1）派遣元責任者に関する判断
　イ　派遣元責任者として雇用管理を適正に行い得る者が所定の要件及び手続に従って適切に選任、配置されていること。
　　・当該要件を満たすためには、次のいずれにも該当することが必要である。
　　① 法第36条の規定により、未成年者でなく、法第6条第1号から第4号までに掲げる欠格事由のいずれにも該当しないこと。
　　② 則第29条で定める要件、手続に従って派遣元責任者の選任がなされていること。
　　③ 住所及び居所が一定しない等生活根拠が不安定なものでないこと。
　　④ 適正な雇用管理を行う上で支障がない健康状態であること。
　　⑤ 不当に他人の精神、身体及び自由を拘束するおそれのない者であること。
　　⑥ 公衆衛生又は公衆道徳上有害な業務に就かせる行為を行うおそれのない者であること。
　　⑦ 派遣元責任者となり得る者の名義を借用して、許可を得ようとするものでないこと。
　　⑧ 次のいずれかに該当する者であること。
　　　（ⅰ）成年に達した後、3年以上の雇用管理の経験を有する者
　　　　この場合において、「雇用管理の経験」とは、人事又は労務の担当者（事業主（法人の場合はその役員）、支店長、工場長その他事業所の長等労働基準法第41条第2号の「監督若しくは管理の地位にある者」を含む。）であったと評価できること、又は労働者派遣事業における派遣労働者若しくは登録者等の労務の担当者（法施行前のいわゆる業務処理請負業における派遣的労働者の労務の担当者を含む。）であったことをいう。

（ⅱ）成年に達した後、職業安定行政又は労働基準行政に3年以上の経験を有する者
　（ⅲ）成年に達した後、民営職業紹介事業の従事者として3年以上の経験を有する者
　（ⅳ）成年に達した後、労働者供給事業の従事者として3年以上の経験を有する者
　⑨　職業安定局長に開催を申し出た者が実施する「派遣元責任者講習」を受講（許可の申請の受理の日前3年以内の受講に限る。）した者であること。
　⑩　外国人にあっては、原則として、出入国管理及び難民認定法別表第1の1及び2の表並びに別表第2の表のいずれかの在留資格を有する者であること。
　⑪　派遣元責任者が苦情処理等の場合に、日帰りで往復できる地域に労働者派遣を行うものであること。
ロ　派遣元責任者が不在の場合の臨時の職務代行者があらかじめ選任されていること。

▶労働者派遣の形態

> 相談票
>
> No.37
>
> ## 登録型派遣、紹介予定派遣とは
>
> 〈相談内容〉
> 　人材派遣事業を行う会社を設立したいと考えております。よく登録型派遣が問題になりますが、登録型派遣の場合、派遣会社は派遣労働者との関係でどのような責任を負うのでしょうか。また、紹介予定派遣といわれるものは、通常の労働者派遣とはどのような違いがあるのでしょうか。

ポイント！　登録型派遣とは、一般的には、派遣会社（派遣元事業主）が、派遣先と労働者派遣契約を結んだ期間あるいはそれより短い期間の労働契約を派遣労働者と結び、派遣の終了と同時にその労働契約も終了する形態の労働者派遣のことをいいます。

　また、紹介予定派遣とは、派遣が終了した後、派遣先企業が派遣労働者を直接雇用するために職業紹介することを前提として労働者を派遣する制度です。

登録型派遣とその特徴・問題点

　労働者派遣の形態には、①登録型派遣と②常用型派遣があります。

　派遣労働者として働いている者は、ほとんどが登録型派遣労働者だといわれています。

　「登録型派遣」ではまず、一定の選考を経て派遣会社に登録されます（登録される内容は派遣会社によってさまざまで、氏名、職種等の希望、専門・得意分野、技能、知識等のレベルなどが登録されるよう

です。)。この時点では登録されているだけで、派遣会社（派遣元）と派遣労働者との間には労働契約は締結されていないのが特徴です。

通常、派遣会社は、派遣登録者の希望やスキル等を考慮して派遣先を提示し、登録者と派遣先の条件が合えば、派遣先への就業が決まります。ここではじめて労働者派遣契約の契約期間の範囲で派遣労働者との労働契約が締結されることになります。

また、派遣会社と派遣労働者との間で結ばれる労働契約は、そのほとんどが労働者派遣契約の期間と同一か、それより短い期間について結ばれます。つまり、労働者派遣契約が終了すると同時に派遣会社との労働契約も終了することになります。

これに対して「常用型派遣」では、初めから派遣会社（派遣元）と派遣労働者との間で直接労働契約が締結され、派遣先での就業が終了しても派遣会社と派遣労働者との労働契約は当然には終了しません。

このため、登録型派遣の問題は、登録されていても派遣会社と派遣

◆登録型派遣と常用型派遣の違い◆

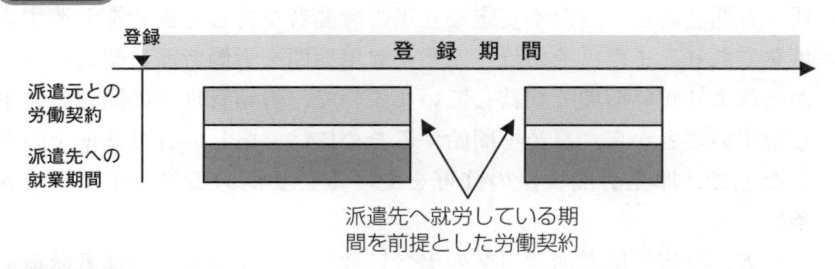

登録型

登録／登録期間

派遣元との労働契約
派遣先への就業期間

派遣先へ就労している期間を前提とした労働契約

常用型

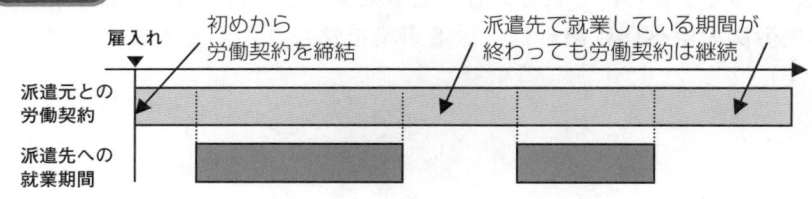

雇入れ

初めから労働契約を締結

派遣先で就業している期間が終わっても労働契約は継続

派遣元との労働契約
派遣先への就業期間

労働者との雇用関係は派遣先での就業を前提としたものなので、派遣先が見つからない間は雇用関係がなく、派遣労働者にとって賃金や雇用の保障がなく不安定な立場に置かれることです（平成20年年末から翌年初めにかけて、労働者派遣契約の終了により労働契約を終了する、いわゆる「派遣切り」に遭った人々が集った「年越し派遣村」が社会的関心を高めました。）。

また、登録型派遣の場合は、断続的に契約期間の短い契約をする場合が多いため、継続雇用を前提とした権利（社会保険、年休等）の点で不利になるという問題もあります。

労働者派遣事業の規制

派遣法では、常時雇用している労働者（期間の定めのない労働契約の労働者）のみを派遣する「特定労働者派遣事業」とそれ以外の「一般労働者派遣事業」を区分（2条）し、一般労働者派遣事業については、より厳しい規制を設けています。

これは、一般労働者派遣事業は、パートタイマーや契約社員など短期・有期契約といった不安定な立場の労働者を含む労働者を派遣する事業であり、また、そのほとんどが雇用期間を労働者派遣契約と同一かそれより短い期間で締結していますので、労務管理上の問題も発生しやすいことから、事業を開始するためには、厳しい許可基準を満たした上で、厚生労働大臣の許可を受ける必要があるのです（同法5条）。

一方、特定労働者派遣事業の場合には、常用雇用型の労働者派遣形態のみですから、一般労働者派遣事業よりも規制は厳格ではなく、厚生労働大臣へ届け出れば、派遣事業を営むことができます（同法16条）。

紹介予定派遣

「紹介予定派遣」とは、派遣期間の終了後に派遣先に職業紹介することを予定して労働者派遣を行う派遣事業のことで、平成12年から「一般労働者派遣事業許可基準」（労働者派遣事業関係業務取扱要領）によって認められてきましたが、平成16年の派遣法改正の際に派遣法上の制度として明文化されました（派遣法2条6号）。

紹介予定派遣は、労働者派遣から職業紹介を経て派遣先事業主との雇用関係の発生に至る一連の流れが、当初（派遣労働者としての登録あるいは派遣契約の締結の時）から予定されている労働者派遣ですので、労働者派遣事業の性格と職業紹介制度の機能を併せ持つ制度ということができます（労働者派遣事業の許可と併せて職業紹介事業の許可あるいは届出が必要となります。）。

紹介予定派遣をする場合の留意点

紹介予定派遣は、職業紹介を前提としたものですから、同一の派遣労働者について、派遣可能期間は6カ月までと上限が設けられています。そして、紹介予定派遣を前提として派遣会社が派遣労働者と労働契約を締結する場合は、派遣会社はその旨を派遣労働者に明示しなければなりませんし、すでに雇い入れている労働者を新たに紹介予定派遣の対象とする場合には、その旨を明示した上、同意を得なければなりません（派遣法32条）。

また、派遣先が採用を予定する人材の条件に合致すると見込まれる者を派遣することが前提であり、採用される見込みのない者を派遣することは、この制度の趣旨に合いません。このため、通常の労働者派遣で禁止されている、①派遣先が派遣労働者を特定することを目的とする行為（派遣先が講ずべき措置に関する指針（平11.11.17労働省告示138号。以下「派遣先指針」といいます。）第2の3）や、②派遣元事業主が派遣先による派遣労働者を特定することを目的とする行

為に協力すること（派遣元事業主が講ずべき措置に関する指針（平11.11.17労働省告示137号。以下「派遣元指針」といいます。）第2の11）については、紹介予定派遣の場合は例外とされ、具体的には次のような行為が認められています。

◆紹介予定派遣の場合に例外として認められる行為◆

①派遣就業開始前または派遣就業期間中に、求人条件を明示すること
②派遣期間中に、求人・求職の意思を確認したり、採用内定すること
③派遣就業開始前に面接をしたり、履歴書の送付を求めること

　ただし、派遣労働者を特定する際には、通常の直接雇用の募集・採用の場合と同様、その選考にあたって年齢や性別で差別することは許されず（派遣先指針第2の18(3)、(4)）、業務遂行能力に係る試験の結果や資格の有無等社会通念上公正と認められる客観的な基準によることが必要です。

　さらに、紹介予定派遣を行った派遣先が職業紹介することを希望しなかったり、その派遣労働者を雇用しなかった場合には、派遣会社は、派遣労働者の求めに応じて、派遣先に対し、それぞれの理由を書面、ファクシミリ、電子メールで明示してもらうように求めなければなりません。派遣先から明示された理由は、派遣労働者に書面等（派遣労働者が希望すればファクシミリ、電子メールでも可）で明示する必要があります（派遣則22条の2・1号、派遣元指針第2の12(2)）。

　なお、紹介予定派遣であっても、労働者派遣であることには変わりはありませんので、派遣期間中は、派遣会社に使用者としての責任・義務があることに留意してください。

▶派遣労働者への労働条件の明示

> 相談票
>
> No.38
> ## 登録型派遣労働者の労働条件の明示は
>
> 〈相談内容〉
> 　派遣会社を経営しています。
> 　登録型の派遣労働者についても労基法15条の労働条件の明示に関する規定は適用されるのでしょうか。派遣労働者については、派遣法34条に基づいて、派遣先での就業条件を明示すれば、特に労基法による労働条件は必要ないようにも思われるのですが、これらの規定の関係はどのように考えたらよいでしょうか。

ポイント！　雇用主（使用者）である派遣元事業主は、派遣労働者に対しても、労基法15条に基づき書面で労働条件を明示しなければなりません。

　派遣労働者の場合については、派遣法34条により、業務内容や就業場所など派遣先での就業条件を明示することが派遣元事業主に義務付けられていますが、派遣先での就業条件を明示したことをもって、労基法15条の労働条件の明示義務がなくなるわけではありません。

　また、派遣労働者がパートタイマーである場合はさらに、パート労働法により、昇給、退職手当、賞与の有無についても文書等で明示する必要があります。

●● 労基法15条の規定に基づく労働条件の明示

　労基法では、労働契約を結ぶにあたって、労働条件（賃金、労働時間など）を明示することを使用者に義務付けています（労基法第15

条)。明示しなければならない労働条件は、下表のとおりです(労基則5条1項)。

　また、労働条件を明示する際は、同表の①〜⑤の事項については必ず書面の交付によらなければなりません(労基則5条3項)。それ以外の事項は、法令上は口頭でも差し支えありませんが、労働条件は労働契約の内容ですから、契約締結の際、使用者は従業員が理解できるようにきちんと説明し、できるだけ書面で確認をとっておくことが望まれます(労働契約法4条)。

◆労働条件の明示事項◆

必ず明示しなければならない事項	
書面の交付が必要	①　労働契約の期間に関する事項 ②　就業の場所・従事すべき業務に関する事項 ③　始業・終業の時刻、所定労働時間を超える労働の有無、休憩時間、休日、休暇、従業員を2組以上に分けて就業させる場合における就業時転換に関する事項 ④　賃金の決定・計算・支払いの方法、賃金の締切り・支払いの時期に関する事項 ⑤　退職に関する事項(解雇の事由を含む。)
	⑥　昇給に関する事項
制度等を設ける場合に明示しなければならない事項	
	⑦　退職手当の定めが適用される従業員の範囲、退職手当の決定・計算・支払いの方法、支払いの時期に関する事項 ⑧　臨時の賃金・賞与・最低賃金額に関する事項 ⑨　従業員に負担させるべき食費・作業用品その他に関する事項 ⑩　安全・衛生に関する事項 ⑪　職業訓練に関する事項 ⑫　災害補償・業務外の傷病扶助に関する事項 ⑬　表彰・制裁に関する事項 ⑭　休職に関する事項
＊パートタイマーについては、昇給・退職手当・賞与の有無を文書の交付等により明示しなければならない(パートタイマーが希望すればファクシミリ・メールでも可)。	

これらの労基法等の規定は、派遣労働者と労働契約を結ぶ派遣元事業主についても当然適用されます。派遣労働者の使用者となる派遣元事業主は、これらの規定に従い、派遣労働者に労働条件を明示しなければなりません。

　また、派遣労働者が短時間働くパートタイマーである場合には、労基法で明示が義務付けられる労働条件のほか、文書の交付等（パートタイマーが希望した場合はファクシミリ、メールでも可能です。）により、昇給、退職手当、賞与それぞれの有無についても明示しなければなりません（パート労働法6条、同規則2条）。

派遣法による就業条件の明示

　派遣元事業主は、派遣先での就業条件等を定めた派遣先との労働者派遣契約に基づき、自らが雇用する派遣労働者を派遣します。派遣元事業主は、労働者を派遣しようとするときに、上記の労基法等に基づく労働条件の明示とは別に、派遣法により、その対象となる派遣労働者に対し、労働者派遣をされる旨及び労働者派遣契約に定められた就業条件等を明示することとされています（34条）。

　ここで、派遣元事業主が派遣労働者に明示すべき就業条件は、次のとおりです（同法26条1項、同規則22条）。

◆派遣労働者に対する就業条件の明示事項◆

```
①派遣先での業務内容
②就業場所
③派遣労働者を直接指揮命令する者
④派遣期間・就業日
⑤就業開始時刻・終了時刻、休憩時間
⑥安全衛生
⑦苦情処理
```

⑧派遣契約の解除にあたっての雇用の安定を図るための措置
⑨紹介予定派遣の場合にはその関連事項
⑩派遣元責任者・派遣先責任者
⑪時間外・休日労働の定めをした場合はその日・時間数
⑫福利厚生施設の利用等に関する便宜供与

労働条件の明示と就業条件の明示の考え方

　登録型派遣の場合、派遣会社と派遣労働者の労働契約の期間と、労働者派遣契約の期間が同一であることが多いため、派遣先での就業条件を示すことにより、労働契約に基づく労働条件の明示する必要がないのではないかというのがご相談の趣旨だと思われます。確かに派遣労働者の場合、業務内容や就業場所のように労働条件として明示すべき事項と就業条件として明示すべき事項が共通する部分もあり、就業条件を明示すれば足りるように思われるかもしれません。

　しかしながら、労基法で使用者として派遣労働者に示さなければならないとされる労働条件には、賃金の決定、計算及び支払いの方法、賃金の締切り及び支払いの時期に関する事項や昇給に関する事項、さらには退職に関する事項（解雇の事由を含みます。）など、派遣先での就業条件に含まれない重要な事項が多数ありますので、派遣元事業主は、派遣法に基づき派遣先での就業条件を明示しただけでは使用者として労働条件の明示義務を果たしたことになりません。

　前記のとおり、労基法やパート労働法が使用者に義務付ける労働条件の明示は、登録型派遣労働者についても当然適用されます。

　労働者派遣は、派遣元事業主（派遣会社）が派遣労働者と労働契約を結ぶとともに、労働者派遣契約を締結して派遣先に自らの従業員を派遣するものですから、派遣元事業主には使用者（雇用者）としての法的責任があることをきちんと認識する必要があります。

▶派遣労働者の引き抜き

No.39 　　　　　　　相談票
**派遣先が派遣労働者を引き抜くことは
問題がありますか**

〈相談内容〉
　チラシ・広告等の組版作業のため、オペレーターとして派遣労働者を受け入れています。その中の1人は派遣労働者として来てもらって8カ月ほどになるのですが、非常に能力が高いので、派遣労働者から正社員に切り替えて当社で働いてもらいたいと考えており、本人にも「正社員として勤務しないか」と打診しています。
　当初の派遣会社との労働者派遣契約では派遣期間が1年なのですが、期間の途中で正社員として来てもらうことはできないのでしょうか。

ポイント！
　派遣労働者は派遣元事業主との間に労働契約があることが前提ですので、この労働契約が期間を定めた契約である場合は、原則として、やむを得ない事由がない限り解約できないことになっています。
　また、派遣元事業主と派遣先との間では派遣期間も含めて当事者間で定めた労働者派遣契約が結ばれているため、派遣期間の途中で派遣労働者を正社員とする場合は、労働者派遣契約を派遣先が解除して派遣労働者と労働契約を結ぶことになります。ただし、この場合、派遣先は、派遣元事業主から期間途中の労働者派遣契約解除による損害賠償を求められる場合があります。

労働者派遣の基本～三面的法的関係

　登録型派遣や紹介予定派遣（No.37参照）など、派遣労働者と派遣会社（派遣元事業主）との関係が希薄な労働者派遣の実態が多くなってきていますが、派遣労働者と派遣元、そして派遣先と間にはそれぞれ下図のような法的関係（三面的法的関係）が存在します。このような関係がない場合——例えば、派遣元事業主と派遣労働者との間に雇用関係がない場合は、単なる職業紹介事業や、あるいは労働者供給事業となってしまいます（派遣元事業主が雇用関係にない者を派遣先に派遣して派遣先の指揮命令下で就業させると、労働者供給となり、職安法や派遣法の違反として処罰の対象となります。）。

　それぞれの関係を整理すると次のとおりです。

◆派遣元事業主・派遣労働者・派遣先の三面関係◆

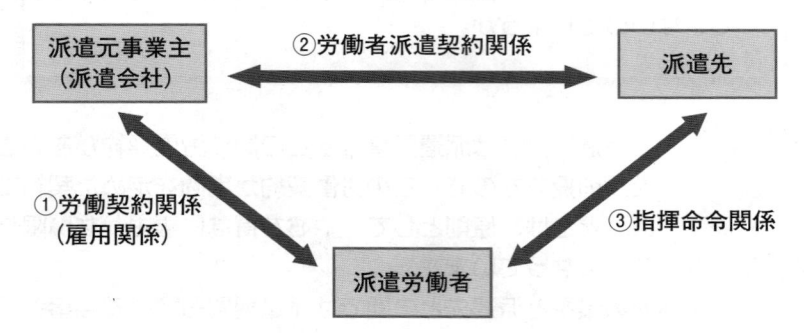

```
    派遣元事業主    ②労働者派遣契約関係      派遣先
   （派遣会社）   ←―――――――――――――→

        ＼                              ／
    ①労働契約関係                   ③指揮命令関係
     （雇用関係）                      
            ＼                    ／
               ↘              ↙
                  派遣労働者
```

①派遣元事業主と派遣労働者との関係
　派遣労働者は、派遣元事業主との労働契約に基づき派遣元事業主に雇用され、派遣元事業主の業務命令により、派遣先の事業場で派遣先の指揮命令を受けて就業する。したがって、派遣元事業主は、派遣労働者について労働契約の当事者（使用者）としての責任を包括的に負う。

②派遣元事業主と派遣先との関係
　派遣元事業主は、労働者派遣契約に基づいて、自己の雇用する労働者

を派遣先の事業場に派遣し就業させるとともに、派遣先における業務の遂行上必要な限度において派遣労働者に対して有する指揮命令権の行使を派遣先に委ねている。したがって、派遣先は、労働者派遣契約に定める範囲内で、派遣労働者を指揮命令する権限を有する。

③派遣先と派遣労働者との関係

　派遣労働者は、派遣元事業主に雇用される労働者であり、派遣先に対して直接就業義務を負うものではないが、派遣元事業主との労働契約に基づき、派遣先の事業場で派遣先の指揮命令を受けて就業する義務を派遣先に対して負うという関係になる。

労働者派遣契約の解除

　労働者派遣の場合には、通常の労働契約のほかに、派遣元事業主と派遣先との間で、前頁の図②の関係の基本となる労働者派遣契約が締結されます。

　労働者派遣契約の内容には、派遣期間が含まれています（派遣法26条、同規則22条）ので、派遣先は、契約内容に従って派遣期間中派遣を受け入れるのが原則です。

　ご相談のように、派遣労働者として受け入れていた者を派遣先が自社の正社員として直接雇用する場合は、派遣労働者と派遣元事業主との労働契約（雇用）関係を解消し、派遣先と派遣労働者との間で新たな労働契約を締結することになりますので、派遣先は、派遣元との労働者派遣契約を解除しなければなりません。

　この場合に、派遣先が派遣元との話し合いにより合意して解除する場合は、解約条件等も含め、両当事者間で決定した内容・手続き等に従って当初の労働者派遣契約を解除することになります。

　一方、派遣先が派遣元の了解もなく、派遣期間の途中で派遣労働者を直接雇い入れるような場合は、派遣先が自己の都合で一方的に労働者派遣契約を破棄することになり、派遣先は、派遣元事業主から契約の不履行を問われる可能性があり、場合よっては損害賠償の請求を受

ける（民法415条）こともありますので注意が必要です。

派遣労働者と派遣元事業主の労働契約の解除

　ご相談のケースを派遣労働者の立場から考えますと、派遣先からの勧誘に応じて派遣先の正社員になるためには、派遣労働者は派遣元事業主に対して退職を申し入れ、労働契約（雇用）関係を解消しなければなりません。

　派遣元事業主と派遣労働者との労働契約は、期間の定めのある労働契約（有期労働契約）による場合が多いようですが、労働契約の形態によって、下枠のような民法上の制限があります。

　期間の定めのない労働契約の場合は、月給者を除くと、いつでも解約の申出ができ、通常相手方（使用者）が認めなくても、解約の申出（退職の意思表示）から2週間経過すると労働契約は終了します（民法627条1項、2項）が、有期労働契約の場合は、やむを得ない事由がある場合のほかは、原則として期間が満了するまでは解約できない

◆派遣労働者から使用者たる派遣元事業主へ退職（労働契約の解除）を申し入れる場合◆

1　**期間の定めのない労働契約**（民法627条1項、2項）
●解約は、申入れの日から2週間の経過で効力を発する。
●月給者は、月末で辞める場合は月の前半までに申し出る必要がある。

2　**期間の定めのある労働契約**（有期労働契約　民法628条）
●原則として、契約期間の途中で解約できない。
●途中で解約することができるのは、「やむを得ない事由」がある場合に限られる。ただし、1年を超える労働契約を締結している場合は、1年を経過した後は、いつでも退職可能（労基法137条）。

〈やむを得ない事由〉
・使用者が破産した場合（民法631条）
・使用者が債務を履行しないとき（民法541条）
・雇入れの条件が異なるとき（労基法15条2項）　など

とされています（同法628条）。

　ご相談の場合に、派遣元事業主と派遣労働者との労働契約が有期労働契約であるとすると、雇入れから１年を超えていれば、派遣労働者はいつでも退職することができますが（労基法137条）、それ以外の場合に契約期間の途中で派遣労働者から退職を申し出るには、退職する「やむを得ない事由」が必要です。この「やむを得ない事由」は厳格に解釈されていますので、ご相談のように、派遣先の正社員となる場合が「やむを得ない事由」に該当するとは必ずしもいえないものと考えられます。また、民法上当事者の一方が解約により相手方に損害を与えた場合には、その賠償責任を負う（628条ただし書き）ということにも留意しなければなりません。

　以上のことから、実務的には、派遣労働者と派遣元、派遣先の三者で十分に話し合い、労働契約や労働者派遣契約を合意解約する方向で調整されていくことが望ましいでしょう。

▶元請と下請従業員との関係

相談票

No.40

下請作業員に対する業務指示は

〈相談内容〉

建築工事を請け負っている元請会社の現場責任者ですが、社内で、下請の作業員に直接業務指示を出してはいけないとの指示が出されています。

しかし、下請の作業者が勝手に作業したら危険ですし、工事の仕様書どおりの仕上がりが覚束(おぼつか)なくなる恐れがあります。私は正しい指示を出しているつもりですし、それは下請のメリットにもなると思っています。

何か法的な規制があるのでしょうか。もし規制があるとすれば、法律に触れないように作業指示するにはどうしたらよいのでしょうか。

ポイント！

　下請事業者が法律上の要件を満たした請負業者となり得るには、独立して自らの従業員を指揮し、仕事を完成できる能力を持つ事業主体でなければなりません。請負の形をとっていながら、元請から個々の従業員への指揮命令により業務を行う形態は正当な請負とは認められないのです。

　このため、下請事業者は、責任者、現場代理人など作業を指揮する立場の職制を配置することが必要であり、元請からの指示が必要な場合は、これらの職制を通じて指示することになります。

　下請事業者がこれらの措置を怠り、元請が下請の従業員に直接指揮命令して作業を行っている場合は、労働者供給事業とみなされ、職安法に抵触することになります。

　なお、請負事業主の監督の下で発注者が行う特定の技術指導等や安全衛生上緊急に対処する必要性のある事項については、例外的に認め

られる場合があります。

請負の法律関係

　請負契約は、「当事者の一方がある仕事を完成することを約し、相手方がその仕事の結果に対してその報酬を支払うことを約することによって、その効力を生ずる」契約とされています（民法632条）。ご相談の例でいいますと、元請会社（発注者）が下請会社（請負業者）に対してある仕事の完成（建築工事）を発注し、その完成した仕事の結果について元請会社が下請会社に請負代金を支払う契約です。下請会社はこの請負契約を踏まえ、自ら労働契約を結んで雇用する従業員に指示して請け負った仕事を行わなければなりません。

　つまり、請負契約は元請会社と下請会社との間の商業上の契約であって、実際に現場で作業をしている下請会社の従業員については、下請会社自らが労働契約に基づいて指揮命令し、労務管理を行い、独立して自己の責任で業務を遂行するものなのです。したがって、下請会社は元請会社から請負契約に基づいて請負代金を受け、従業員の雇用主である下請会社が従業員の労働の対価として賃金を支払うこととなります。

　この点、外形的に似ている形態として、労働者派遣があります。労働者派遣の場合は、派遣元がその雇用する派遣労働者を派遣先に派遣して、派遣先の指揮命令の下で就業させる形態であるのに対し、請負の場合は、元請会社（発注者）が直接下請会社（請負業者）の従業員を指揮命令する関係にはないわけです。しかし、特に発注者の構内で発注者の従業員と請負業者の従業員とが混然と就業しているような場合には、往々にしてこうした指揮命令関係が混同される実態があります。

　そこで、請負と労働者派遣を明確に区分するため、労働省告示によって「労働者派遣事業と請負に行われる事業との区分に関する基準」（昭61.4.17労働省告示37号）が示されています（205頁の「参

考」参照）ので、この基準をしっかりと理解しておく必要があります。

◆請負と労働者派遣◆

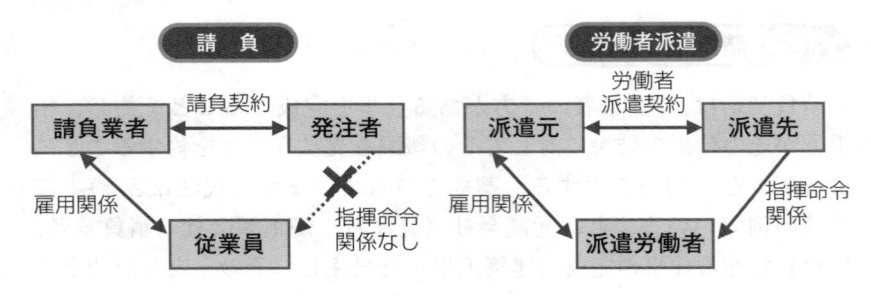

```
         請　負                      労働者派遣
                                        労働者
         請負契約                      派遣契約
 請負業者 ←──→ 発注者      派遣元 ←──→ 派遣先
   │              ┊           │              │
 雇用関係       指揮命令      雇用関係      指揮命令
   ↓           関係なし        ↓            関係
 従業員                      派遣労働者
```

職安法・派遣法違反

　元請会社から仕事の完成を請け負う下請会社は、請負契約の主体として、従業員を自ら雇用し、賃金を決め、現場で指揮します。元請会社に対して仕事を完成する責任を負っているのは下請会社の従業員ではなく下請会社ですから、もし、下請会社が作業員だけを元請会社の現場に送り込んで、下請会社自身あるいはその代理人としての現場責任者を置くことなく元請会社の指揮命令の下に作業をさせたとなりますと、派遣法違反や「労働者供給」（職安法44条）として職安法の違反を問われることになります。さらに、それによって下請会社が利益を得ることになると、労基法6条の「中間搾取の禁止」にも抵触することになります。

　以上のようなことから、貴社では違法事態を避けるために、下請の作業員に直接業務指示を出してはいけないという社内指示になっているのだと思われます。

　要するに、下請会社を請負契約の相手方として、工事の完成に責任を持たせるべき法的関係にあるのですから、元請会社の現場責任者は下請作業員に対して直接作業指揮をしてはならず、下請会社が自己の個々の従業員に対して現場指揮ができる現場責任者を置くべきであっ

て、元請会社の現場責任者は、その下請の現場責任者に技術的な事項、進捗状況等の指示を行うのが法的に正しい元請・下請の関係です。

● 請負業務において発注者が行う技術指導等

　元請会社は下請会社に対する発注者ですから、発注者の立場で発注した工事が請負契約どおりの状態に完成するように、請負業者に対して必要な工事の打合せや技術指導を行って差し支えないことは、両者は契約関係にありますから当然のことです。しかし、それはあくまで契約の相手方である下請会社に対してであって、下請会社の従業員に直接指示することはできません。

　この点に関して、請負業務において発注者が行う技術指導については、厚生労働省のホームページのＱ＆Ａにおいて次頁のように考え方が示されていますので、参考とされてください。

　なお、建築現場などにおいては、元請会社のほか、一次下請、二次下請など多くの事業場の従業員が混在して働いており、それらのことから、労働災害の発生するおそれが認められます。そこで安衛法は、労働災害防止の観点から、その事業の遂行全般について権限と責任を持っている元方事業者（元請会社）に、関係請負人（下請会社等）とその従業員が安衛法令の規定に違反しないよう必要な指導を行い、違反している場合にはその是正のための必要な指示を行うことを義務付けています。この場合、関係請負人とその従業員は、元方事業者の指示に従わなければなりません（29条）。

◆請負業務において発注者が行う技術指導◆

1 請負事業が、労働者が発注者の指揮命令を受けて行われる労働者派遣事業ではない適正なものであると判断されるためには、次のいずれの要件も満たすことが必要となります。

①請負事業主が、自己の雇用する労働者の労働力を自ら直接利用すること。

②請負事業主が、業務を自己の業務として契約の相手方から独立して処理すること。

2 請負事業において、発注者は、上記1の①または②の要件を逸脱して労働者に対して技術指導等を行うことはできませんが、一般的には、発注者が請負事業で働く労働者に対して行う技術指導等とされるもののうち次の例に該当するものについては、当該行為が行われたことをもって、上記1の①または②の要件に違反するものではないと考えられます。

〔例〕

イ 請負事業主が、発注者から新たな設備を借り受けた後初めて使用する場合、借り受けている設備に発注者による改修が加えられた後初めて使用する場合等において、請負事業主による業務処理の開始に先立って、当該設備の貸主としての立場にある発注者が、借り手としての立場にある請負事業主に対して、当該設備の操作方法等について説明を行う際に、請負事業主の監督の下で労働者に当該説明（操作方法等の理解に特に必要となる実習を含む。）を受けさせる場合のもの

ロ 新商品の製造着手時において、発注者が、請負事業主に対して、請負契約の内容である仕様等について補足的な説明を行う際に、請負事業主の監督の下で労働者に当該説明（資料等を用いて行う説明のみでは十分な仕様等の理解が困難な場合に特に必要となる実習を含む。）を受けさせる場合のもの

ハ 発注者が、安全衛生上緊急に対処する必要のある事項について、労働者に対して指示を行う場合のもの

参考：厚生労働省「『労働者派遣事業と請負により行われる事業との区分に関する基準』（37号告示）に関する疑義応答集」
（http://www.mhlw.go.jp/bunya/koyou/dl/haken-shoukai03.pdf）

> **参考**
>
> ## 「労働者派遣事業と請負により行われる事業との区分に関する基準」（抜粋） （昭61.4.17.労働省告示37号）
>
> 第2条　請負の形式による契約により行う業務に自己の雇用する労働者を従事させることを業として行う事業主であっても、当該事業主が当該業務の処理に関し次の各号のいずれにも該当する場合を除き、労働者派遣事業を行う事業主とする。
> 1　次のイ、ロ及びハのいずれにも該当することにより自己の雇用する労働者の労働力を自ら直接利用するものであること。
>   イ　次のいずれにも該当することにより業務の遂行に関する指示その他の管理を自ら行うものであること。
>   （1）労働者に対する業務の遂行方法に関する指示その他の管理を自ら行うこと。
>   （2）労働者の業務の遂行に関する評価等に係る指示その他の管理を自ら行うこと。
>   ロ　次のいずれにも該当することにより労働時間等に関する指示その他の管理を自ら行うものであること。
>   （1）労働者の始業及び終業の時刻、休憩時間、休日、休暇等に関する指示その他の管理（これらの単なる把握を除く。）を自ら行うこと。
>   （2）労働者の労働時間を延長する場合又は労働者を休日に労働させる場合における指示その他の管理（これらの場合における労働時間等の単なる把握を除く。）を自ら行うこと。
>   ハ　次のいずれにも該当することにより企業における秩序の維持、確保等のための指示その他の管理を自ら行うものであること。
>   （1）労働者の服務上の規律に関する事項についての指示その他の管理を自ら行うこと。
>   （2）労働者の配置等の決定及び変更を自ら行うこと。
> 2　次のイ、ロ及びハのいずれにも該当することにより請負契約により請け負った業務を自己の業務として当該契約の相手方から独立して処理するものであること。

イ　業務の処理に要する資金につき、すべて自らに責任の下に調達し、かつ、支弁すること。
　　ロ　業務の処理について、民法、商法その他の法律に規定された事業主としてのすべての責任を負うこと。
　　ハ　次のいずれかに該当するものであって、単に肉体的な労働力を提供するものでないこと。
　　　（1）自己の責任と負担で準備し、調達する機械、設備若しくは器材（業務上必要な簡易な工具を除く。）又は材料若しくは資材により、業務を処理すること。
　　　（2）自ら行う企画又は自己の有する専門的な技術若しくは経験に基づいて、業務を処理すること。
　第3条　前条各号のいずれにも該当する事業主であっても、それが法の規定に違反することを免れるため故意に偽装されたものであって、その事業の真の目的が法第2条第1号に規定する労働者派遣を業として行うことにあるときは、労働者派遣事業を行う事業主であることを免れることができない。

▶請負人と労働者の違い

> 相談票
>
> No.41
> ### 請負契約で仕事をする者への労基法の適用は
>
> 〈相談内容〉
> 　10数人規模の金属加工業の工場です。注文が激減し、会社の経営が思わしくなくなり、今まで構内で下請に請け負ってもらっていた仕事も打ち切らざるを得ないことになりました。
> 　実はこの下請はもともと会社の従業員だった者で、能力や技術が高いため、10年ほど前に相応の報酬を支払う請負契約に切り替えたものです。
> 　今回の請負契約を切るにあたって、これらの者から「今後仕事を回さないのなら、解雇手当を支払え」と要求してきました。しかし、現在はすでに請負人であって当社の従業員ではありません。また、日々の仕事をいちいち指示しておりませんし、報酬支払いの明細も、その摘要欄に、その月の主に加工した製品名で「〇〇一式　△△円」といった形式で処理していました。このような場合でも、解雇手当を支払う必要はあるのでしょうか。

ポイント！　契約の形態が形式的に請負契約であっても、その業務を遂行する実態において、会社から指揮命令を受けるなど使用従属関係が認められれば「労働者」と認められます。この者を解雇する場合は、解雇の予告または解雇予告手当の支払いなど労基法等による解雇に関する規定に従わなければなりません。

　使用従属関係が認められるか否かは、請負人とされる者が独立の事業主として事業計画、損益計算、危険負担の主体となっているか、作業遂行にあたって他から指揮監督を受けないか、器具資材等の調達は

誰が当たっているか、報酬の性格はどのようなものかといった観点から総合的に考慮した上で、判断することとなります。

請負契約と労働契約の違い

「請負は、当事者の一方がある仕事を完成することを約し、相手方がその仕事の結果に対してその報酬を支払うことを約することによって、その効力を生ずる。」とされています（民法632条）。請負契約の場合は、発注者・請負人の契約当事者が対等であることを前提として、請負人は独立して自己の裁量で仕事を完成するものです。

一方、労働契約の場合は、「労働者が使用者に使用されて労働し、使用者がこれに対して賃金を支払うことについて、労働者及び使用者が合意することによって成立する。」（労働契約法6条）と定められています。労働契約も契約の1つですから、本来は契約当事者が対等であるべきですが、労働者は使用者に「使用」されて、つまり、使用者の指揮命令に従って仕事をするという契約上の義務を負っており、また、労働者と使用者では、社会的・経済的に事実上の格差がありますので、労基法をはじめとする労働関係法令は、「労働者保護」という観点から特別な規定や措置を設けています。

使用従属関係の有無

請負契約は、あくまでも対等な両当事者の取引関係上の契約ですから、労働契約のように労基法等が適用されません。しかし、労基法や労働契約法では、「労働者」を契約の形式にかかわらず、労働者としての実態があるか否かによって判断しています。すなわち、「労働者」に該当するか否かを決定する要素は、実質的に「使用従属関係」が認められるか否かです。したがって、請負契約の形式をとっていても、発注者と請負人との間に使用従属関係（労働者性）が認められれば、

請負人は「労働者」と認められ、労基法等の労働関係法令が適用されることになります。

そこで、使用従属関係とは何をいうのかが問題となりますが、それまでの裁判例や行政の解釈例規をもとにまとめられた労働基準法研究会（当時の労働省に設置されたもの）の報告「労働基準法の『労働者』の判断基準について」（昭60.12.19）では、要旨、次のように判断基準が整理されています。

◆「労働者性」の判断～使用従属性の判断基準（概要）◆

> ①「指揮監督下の労働」に関する判断基準
>   イ　仕事の依頼、業務従事の指示等に対する諾否の自由の有無
>   ロ　業務遂行上の指揮監督の有無
>   ・業務の内容及び遂行方法に対する指揮命令の有無
>   ・「使用者」の命令、依頼等により通常予定されている業務以外の業務に従事することの有無
>   ハ　勤務場所、勤務時間等の拘束性の有無
>   ニ　労務提供の代替性の有無
>
> ②報酬の労務対償性に関する判断基準
>   　報酬の性格が使用者の指揮監督の下に一定時間労務を提供していることに対する対価と判断されるか否か
>
> ＊その他「労働者性」の判断を補強する要素
>   ・機械、器具（特に高価な場合）の負担関係
>   ・報酬の額（同様の業務に従事している正規従業員に比して著しく高額な場合）
>   ・専属性の程度　　等

本相談の場合の判断

　これらの基準を参考にしてご相談の場合を見てみますと、貴社が元従業員であった請負人に仕事を請け負わせていた実態について、事実関係等が明らかでない点も多いことから確定的な判断はできませんが、ご相談の限りでは、次のように考えられます。

　まず、作業の遂行に関しては、仕事を請け負わせるにあたって、仕事の内容、納期等は、請負契約の内容の基本的な指示は、発注者として当然なされるべきでしょう。しかし、日常的な作業の具体的な進め方については、いちいち細かい作業内容にわたる指示をしていないということですから、この点は「労働者」性を否定する要素の１つと考えられます。

　また、報酬の支払いについては、明細上、その月の主に加工した製品名で「○○一式　△△円」といった形式となっているということですから、所定の仕事の結果に対する単価をベースに仕事量（完成した製品数等）に応じて支払われていれば請負契約としての実態を肯定する要素となり得ます。ただ、請負金額を決定する際に、例えば時間単価をベースに作業時間数に応じた額が報酬として支払われている場合などは、労働者に対する賃金と変わらないと判断されます。

　いずれにしても、これらの点だけでは、貴社の請負人の労働者性を否定することはできません。これらのほか、以下のような点も判断のポイントと考えられます。

●器具資材の調達
　・材料の調達は発注者（会社）が行うのか、
　・作業に必要な機械は発注者（会社）の所有物か
　・これらの材料代・使用料が請負人に対して別途請求されているか
　　　　　　　　　　　　　　　　　　　　　　　　　　　　など
●作業に従事する時間・場所
　・他の従業員と同様の時間帯で作業しているか、作業時間帯が発注者（会社）によって決められ、管理されているか

```
　　　・作業場所が発注者（会社）から指示されているか　　　　など
●報酬
　　　・源泉徴収や社会保険料の控除など行っているか
　　　・従業員に支払われる額と比較して、技術・専門性等を考慮してそ
　　　　れ相応の高額な報酬額となっているか　　　　　　　　など
●発注者との交渉
　　　・請負人と発注者（会社）が対等に請負契約の内容・条件について
　　　　決定しているか　　　　　　　　　　　　　　　　　　など
●専属性
　　　・他の会社からも仕事を請け負っているか
　　　・発注者（会社）から自社専属で仕事をすることが決められている
　　　　か　　　　　　　　　　　　　　　　　　　　　　　　など
```

　前記の判断要素を総合的に勘案した結果、貴社と仕事を請け負ってきた方との間に使用従属関係が認められれば、請負人とされていた方々は実質的には「労働者」ということになり、その仕事を打ち切る場合には、事実上解雇ということになりますので、30日前の解雇予告またはそれに代わる解雇予告手当の支払い（労基法20条）等、労基法等に定める解雇に関する規定に従う必要があります。

　さらに、労基法上の「労働者」に該当する場合には、労働契約法上の「労働者」に該当することとなりますので、労働契約法で「解雇は、客観的な理由を欠き、社会通念上相当であると認められない場合は、その権利を濫用したものとして、無効とする。」（16条）と規定されていることに留意しなければなりません（3巻No.1、No.4参照）。

第7章
職場のセクハラ・パワハラにに関する相談

▶セクハラ

|相談票|

No. 42 職場のセクハラ対策は

〈相談内容〉

先日、営業部門の女性従業員から、「Dさん（同僚の男性従業員）が職場で身体に触ったり、いやらしい写真を無理に見せようとしたりします。苦痛なので止めてくださいといったのですが無視されました。」と相談がありました。それとなく、部門長へその旨を話し、注意を促しましたが、「注意してみているが、現在のところ、そういった様子は見受けられない」と言われました。会社としては、具体的にどのような対応をとればよいのでしょうか。

ポイント！

セクシュアルハラスメント（以下「セクハラ」といいます。）について、均等法11条では、事業主にセクハラ防止措置を講じる義務を定めています。また、使用者は、信義則上、労働契約に付随して安全・快適に働ける職場環境づくりに配慮すべき義務があると考えられます。

同法に基づく指針には、職場のセクハラ防止や実際に起きた事案への具体的な対応策や留意点について示されていますので、これを参考としながら、職場でセクハラ対策を進めていくことが重要です。

また、同法に基づき、セクハラを含むトラブルの解決制度として、都道府県労働局長による援助制度や調停制度も設けられていますので、社内で事案の解決が困難な場合は、このような第三者機関を活用することも有効です。

均等法のセクハラの概念

　セクハラは、相手の意に反して性的な嫌がらせをすることで、男性・女性いずれについてもあってはならないことです。
　均等法では、セクハラを、①性的な言動に対する従業員の対応によりその従業員が労働条件につき不利益を受ける「対価型」と、②性的な言動により従業員の就業環境が害される「環境型」の2つに分類しています。
　ご相談の場合のように、身体に触る、わいせつな写真などを無理に見せるなどの行為は、「環境型」に当たるものと考えられます。
　ただし、具体的にどのような行為がセクハラに当たるのかは、個別事案ごとに判断せざるを得ません。というのは、その行為がセクハラに当たるか否かの判断において、その行為をされた本人の主観が重視されるのが通常で、「普通はこの程度なら大丈夫だろう」と思っても、

◆セクハラ行為の分類と例◆

対価型 ▶▶ 職場で行われる性的な言動に対するその従業員の対応により、その従業員に対して解雇、降格、減給などの不利益な取扱いをすること。

例：◆事務所内で社長が女性従業員に性的な関係を要求したら、拒否されたため、その女性従業員を解雇する。
　　◆出張中の車中で上司が女性従業員の腰、胸などを触ったら、抵抗されたため、その女性従業員に不利益な配置転換をする。

環境型 ▶▶ 職場で行われる性的な言動によりその従業員の就業環境が害され、能力を発揮できず重大な悪影響が生じるなどの看過できない程度の支障が生じること。

例：◆事務所内で上司が女性従業員の腰や胸などを度々触ったため、その女性従業員が苦痛に感じて就業意欲が低下している。
　　◆その女性従業員が抗議しているのに、事務所内にヌードポスターを掲示しているため、その女性従業員が苦痛に感じて業務に専念できない。

本人が不快に感じればセクハラ行為とみなされる場合が多いからです。

均等法によるセクハラ防止措置の実施義務

　均等法は、事業主に、職場のセクハラを防止し、従業員からの相談に応じて適切に対応するために雇用管理上必要な措置を講じなければならないとしています（11条）。

　そして、この規定に基づき、「事業主が職場における性的な言動に起因する問題に関して雇用管理上講ずべき措置についての指針」（平18.10.11厚生労働省告示615号）において、セクハラの防止や事案が発生した場合について、具体的な対応策や留意点が示されています。同指針が示す措置等の内容は、**次頁の枠**のとおりです。

第三者機関による解決手段

　セクハラなどの問題は、まずは、職場の実態をよく知る会社内で、自主的に解決する努力をすることが必要です（均等法15条）。例えば、人事部門などが中心となって解決にあたったり、社内の苦情処理制度（労使の代表による協議機関等）を活用することも考えられます。

　しかし、社内での解決が困難な事案については、第三者機関を活用して公正な立場で紛争処理の援助を受けるという方法も考えられます。

　各都道府県労働局や労基署等には、個別労働関係をめぐるトラブル全般の相談に対応する「総合労働相談コーナー」が設けられています。

　また、均等法に基づき、都道府県労働局長の助言・指導・勧告を受けられる援助制度や、専門家によって構成される「機会均等調停会議」よる調停が受けられる制度が用意されています。

　これらの紛争解決援助制度は、すべて無料で受けられます（226頁参照）。詳細は、都道府県労働局の企画室、雇用均等室へ問い合わせるとよいでしょう。

◆指針に示される事業主が講ずべき措置◆

(1) 事業主の方針の明確化及びその周知・啓発
　①職場におけるセクハラの内容・セクハラがあってはならない旨の方針を明確化し、管理・監督者を含む労働者に周知・啓発すること。
　②セクハラの行為者については、厳正に対処する旨の方針・対処の内容を就業規則等の文書に規定し、管理・監督者を含む労働者に周知・啓発すること。

(2) 相談（苦情を含む）に応じ、適切に対応するために必要な体制の整備
　③相談窓口をあらかじめ定めること。
　④相談窓口担当者が、内容や状況に応じ適切に対応できるようにすること。また、広く相談に対応すること。

(3) 事後の迅速かつ適切な対応
　⑤事実関係を迅速かつ正確に確認すること。
　⑥事実確認ができた場合は、行為者及び被害者に対する措置を適正に行うこと。
　⑦再発防止に向けた措置を講ずること（事実が確認できなかった場合も同様）。

(4) (1)から(3)までの措置と併せて講ずべき措置
　⑧相談者・行為者等のプライバシーを保護するために必要な措置を講じ、周知すること。
　⑨相談したこと、事実関係の確認に協力したこと等を理由として不利益な取扱いを行ってはならない旨を定め、労働者に周知・啓発すること。

民事上の使用者の職場環境整備義務と訴訟リスク

　使用者には、労働契約に付随して、従業員の身体の安全や心身の健康に配慮する義務が課せられています（労働契約法5条。No.29参照）。これは確立した判例法理を法文化したものです。この考え方を進めていけば、使用者には、従業員の安全や健康のほか、快適に働ける職場環境を整備すること、少なくともセクハラやパワハラなど従業

員に精神的な苦痛を与えるようなことがないように配慮する責任があるものと考えられます。

　この責任を果たさず、放置していたような場合には、債務不履行責任を問われ、損害賠償請求される場合もありますので、セクハラ防止についての十分な対応が必要です。

　ちなみに、裁判例を見ますと、「使用者は、被用者との関係において社会通念上伴う義務として、被用者が労務に服する過程で生命及び健康を害しないよう職場環境等につき配慮すべき注意義務を負うが、そのほかにも、労務遂行に関連して被用者の人格的尊厳を侵しその労務提供に重大な支障を来す事由が発生することを防ぎ、又はこれに適切に対処して、職場が被用者にとって働きやすい環境を保つよう配慮する注意義務もあると解されるところ、被用者を選任監督する立場にある者が右注意義務を怠った場合には、右の立場にある者に被用者に対する不法行為が成立することがあり、使用者も民法715条により不法行為責任を負うことがあると解するべきである。」(「福岡セクハラ事件」、平4.4.16福岡地裁判決) としたものや、「使用者は、被用者に対し、労働契約上の付随義務として信義則上被用者にとって働きやすい職場環境を保つように配慮すべき義務を負っており、セクハラ行為に関しては、使用者はセクハラに関する方針を明確にして、それを従業員に対して周知・啓発したり、セクハラ行為を未然に防止するための相談体制を整備したり、セクハラ行為が発生した場合には迅速な事後対応をするなど、当該使用者の実情に応じて具体的な対応をすべき義務があると解すべきであって、被告会社も原告に対し同様の義務を負う。」(「岡山セクハラ（リサイクルショップA社）事件」、平14.11.6岡山地裁判決) などがあります。

　また、労働問題に関する簡易・迅速な紛争解決制度として、労働審判制度がありますが、この制度は、個別の労働契約関係に基づく使用者と労働者の権利義務関係に関する紛争について使用者に対して申し立てる制度ですから、被害者である従業員が、会社のセクハラ防止措置の義務（均等法11条）の違反や民事上の使用者責任（民法715条）

等を追及して、使用者に対して労働審判の申立てをすることも考えられます（ただし、被害者が加害者個人に対して労働審判の申立てをすることはできません。)。

▶パワハラ

No. 43 相談票
いじめにあったという相談への対応は

〈相談内容〉

　人事部門で主任をしております。先日、従業員から「直属の上司からの嫌がらせに悩んでいる」という相談を受けました。本人の話によると、わざと「口をきかない」、「仕事を与えない」というような対応が多くなり、時々自分に対する当てこすりのように「仕事のできない奴に限って辞めないんだよな」と言うこともあるようです。本人は、「明らかに、自分を退職させるためにことさら嫌がらせをしているのだと思う」と言います。

　正直のところ、本人の話だけでは必ずしも事実関係がはっきり分かりません。会社としては、どのような対応をとるべきなのでしょうか。

ポイント！

　会社には、労働契約に付随して、安全・快適に働ける環境の整備に配慮すべき義務があり、その義務の履行を怠れば、債務不履行による損害賠償請求訴訟を提起されるリスクがあります。

　職場のいじめ・パワーハラスメント（以下「パワハラ」といいます。）の問題は、会社の問題であることを認識し、いじめ・パワハラ行為を防止するとともに、実際に発生した事案に適切に対処することが重要です。

パワハラとは何か

近年では、「いじめ・嫌がらせ」が職場で多発しており、「パワハラ」、「モラルハラスメント（モラハラ）」の問題としてその社会的背景や職場における対処の方法が論議されています。「パワハラ」という造語を初めて使ったとされる岡田康子氏（株式会社シー・キューブ代表。主著『許すなパワーハラスメント』）は、「職権などのパワーを背景にして、本来の業務の範疇を超えて、継続的に人格と尊厳を侵害する言動を行い、就業者の働く関係を悪化させ、あるいは雇用不安を与えること」と定義付けています。

パワハラに当たる可能性がある行為としては、次のような例が考えられます。

◆パワハラに当たる可能性の高い行為◆

①攻撃型：言葉の暴力・身体的暴力
　　　　例：「お前はバカか」などと罵倒する、殴る、蹴る
②否定型：無視やいじめなど人格を否定すること
　　　　例：挨拶しても無視する、仕事を与えない
③強要型：無理な仕事を強要するなど
　　　　例：客観的に実現できないようなノルマを課し、達成できないからと言って執拗に暴言を吐く
④妨害型：悪い噂を流すなど

しかし、職場でパワハラが発生した場合に、その解決にあたって最も難しい問題の１つは、当該行為が上司による指導・育成の範囲にあるものか、あるいはその範囲を超えた行為とみなされるものかという判断にあります。また、その行為の受け手の受け止め方や性格などは個人差がありますので、一概にパワハラに当たる・当たらないとはいえず、結局のところ、個別事案によって具体的な事情を考慮しながら

判断せざるを得ません。

パワハラは会社の問題でもある

　パワハラの場合、セクハラのように法律上の定義はまだなく、これを規制する直接の法律はありません。

　したがって、職場でも、ややもすると個人間の感情の軋轢として見逃す傾向があることは否定できません。しかし、上司対部下、先輩社員対後輩社員といった力関係をバックにして発生するいじめ・嫌がらせを、このような萌芽の段階で見逃すことなく対処していくことが被害者への悪影響に止まらず、企業としても、人材の損失、企業イメージの低下など企業経営にまで与えるダメージを未然に防止する上で必要と考えるはずです。

　ご相談のケースでは、ご本人の話だけでは事実関係が分からないということですが、ご本人にしてみれば、相談を申し出ること自体も勇気がいるものです。また、人間の感情や性格傾向などの主観が絡む問題ですから、長引けば長引くほどこじれてしまいます。相談を受けた段階で「大したことはないだろう」と放置せず、初期の段階で対応することが重要となります。

会社の配慮義務違反を問われるリスク

　職場のいじめ・パワハラの問題は、加害者のみに責任があるわけではありません。会社は、労働契約に付随して、従業員の身体の安全や心身の健康を保持して働けるよう配慮しなければならない義務を当然に負うものとされています（安全配慮義務。労働契約法5条）。あるいは、使用者は、労働契約に付随して信義則上、従業員が安全・快適に働ける環境を整備することに配慮すべき「職場環境配慮義務」を負っていると考えられます。

　したがって、職場のいじめ・パワハラの事案について、何ら措置を

講ずることなく放置しているような場合は、その被害者である従業員から、加害者に対する不法行為責任（民法709条）とは別に、会社に対して使用者責任（民法715条）や安全配慮義務・職場環境配慮義務の違反（債務不履行責任。民法415条）を追及され、損害賠償請求の民事訴訟を提起されるリスクも十分に想定されます。

裁判例（「エールフランス事件」平8.3.27東京高裁判決）にも、退職勧奨に応じない従業員に対する嫌がらせ・暴行を、民事上、実行行為者と会社の不法行為として連帯責任を認めたものがあります。

また、最近の裁判例では、上司らの陰口、卑猥な言動、嫌がらせによって遺書を遺して自殺した事案で、使用者（市）の安全配慮義務違反を認めたもの（「川崎市水道局事件」平15.3.25東京高裁判決）、同僚の執拗な嫌がらせ、暴力により自殺に至った事案で使用者の安全配慮義務違反を認めたもの（「誠昇会北本共済病院事件」平16.9.24さいたま地裁判決）、「存在が目障りだ、消えてくれ」、「給料泥棒」などの上司の暴言に耐え兼ねてうつ病となり、自殺に至った事案について、労基署の業務外との判断を覆し、精神障害の発症・自殺の業務起因性を認めたもの（「日研化学・静岡労基署長事件」平19.10.15東京地裁判決）などがあります。

● 社内のパワハラ対策

パワハラに関する問題が起こった場合は、まずは部署内の実態をよく知る所属長などに相談できる仕組みをつくることが重要です。例えば、管理職研修等の機会に、部下からのこうした問題の相談の受付・その対応等についても十分に理解を持ってもらうようにすることが考えられます。

また、パワハラの加害者が部署の上司である場合もありますし、あるいは、かえって同じ部署内ですと本人にとって相談しにくい場合もあるでしょう。このような場合は、社内の苦情処理機関（労使の代表で構成される委員会などの協議機関、労働組合の相談窓口等）を活用

するのがよいでしょう。

　セクハラの防止と事案への対処に関しては、均等法に基づく指針において、具体的な対応策や留意事項が示されていますので（No.42参照）、パワハラの場合についても、基本はこれを参考にすることができます。

　すなわち、相談窓口をあらかじめ明確にし、受け付けた相談については、事実関係を迅速・正確に確認するとともに、当事者のプライバシーなどにも配慮しながら適切に対処することが重要です。

　また、事実関係の正確な把握のために有効なのは、本人にできるだけ具体的なメモを残してもらうようにすることです。パワハラは、隠れて行われることも多いですし、パワハラ行為をする側は必ずいじめの事実を否定し、最後は水掛け論になってしまう危険性があります。このため、日時、場所、言われた言葉等もできる限りそのままに書いた記録であることが大切です。さらに、目撃者がいればその人の氏名もメモしてもらうようにするとよいでしょう。

外部の機関を活用する

　社内での解決が困難な事案の場合には、都道府県労働局や労基署の「総合労働相談コーナー」に相談し、「個別労働紛争解決制度」による指導や、紛争調整委員会のあっせん制度を利用されることも、簡便な解決方法です（226頁参照）。詳細は、都道府県労働局の企画室へお問い合わせください。

巻末付録

トラブルが起こったときは

紛争解決制度のご案内

① 個別労働紛争解決制度

　企業組織の再編や人事労務管理の個別化等に伴い、労働関係についての個々の労働者と事業主との間の紛争（個別労働紛争）が増加しています。
　紛争の最終的解決手段としては裁判制度がありますが、それには多くの時間と費用がかかってしまいます。
　そこで、都道府県労働局では、「個別労働関係紛争の解決の促進に関する法律」に基づき、個別労働紛争の迅速な解決を目的として、労働問題の専門家による次のような援助を無料で受けられるサービスを提供しています。

◆個別労働紛争解決制度◆

```
          紛争
   労働者 ←——→ 事業主
          ↓
    企業内における自主的解決
              │
              ↓                              都道府県（労政
      総合労働相談コーナー     ←連携→      主管事務所、労
   労働問題に関する相談・情報の提供           働委員会等）、法
              │                              テラス、労使団
   労使の一方または双方の提出                  体における相談
              ↓                              窓口
    紛争解決援助の対象とすべき事案
         │            │
         ↓            ↓                     労働基準監督署
   紛争調整委員会  都道府県労働局長           公共職業安定所
   あっせん委員（学              　          雇用均等室
   識経験者）による  助言・指導
   あっせん                                  法違反に対する
                                             指導・監督等
```

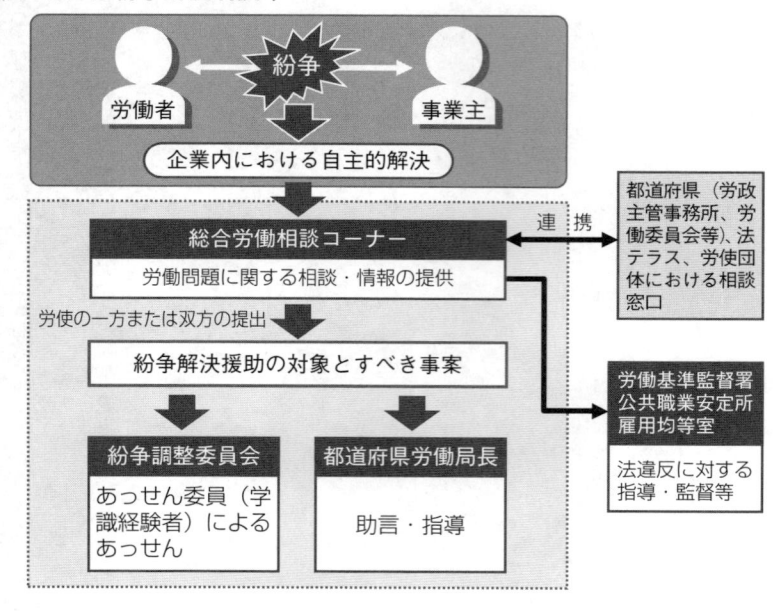

■1 総合労働相談コーナー

　各都道府県労働局の総務部企画室等（連絡先一覧は232頁参照）に設置されている「総合労働相談コーナー」には、相談員が配置されています。ここでは、あらゆる労働問題について、労働者・事業主のどちらからでも、面接または電話で相談を受けることができます。

　相談内容については、プライバシーの保護に配慮され、また、例えばセクシュアルハラスメントなどの問題は、女性相談員による対応を求めることもできます。

> **総合労働相談コーナーはどこにあるのですか？**
> ・都道府県労働局総務部企画室
> ・主要労働基準監督署庁舎内
> ・主要都市の駅周辺ビル
> 　　　　　などに設置されています。
> 全国の総合労働相談コーナーの所在地は、厚生労働省のホームページで紹介されています。
> （http://www.mhlw.go.jp/general/seido/chihou/kaiketu/soudan.html）

■2 都道府県労働局長による助言・指導

　都道府県労働局長は、民事上の個別労働紛争について、労使当事者の一方または双方から紛争解決の援助を求められた場合には、トラブルの問題点を指摘し、解決の方向を示唆することによって、紛争当事者の話し合いによる解決を促します。

　ここで解決できない場合には、他の紛争解決機関に委ねることになると考えられますが、■3の紛争調整委員会によるあっせんを求めることもできます。

> **対象となる紛争**
> 労働条件その他労働関係に関する事項についての個別労働紛争
> ●解雇、雇止め、配置転換・出向、昇進・昇格、労働条件の不利益変更等の労働条件に関する紛争
> ●いじめ・嫌がらせ等職場環境に関する紛争
> ●会社分割による労働契約の承継、同業他社への就業禁止等の労働契約に関する紛争
> ●募集・採用に関する紛争
> ●その他、退職に伴う研修費用の返還、営業車等会社所有物の破損に係る損害賠償をめぐる紛争 など

⇔

> 労働組合と事業主の間の紛争や労働者間の紛争、裁判で係争中または確定判決が出されているなど他の制度で取り扱われている紛争などは、対象とはなりません。

■3　紛争調整委員会によるあっせん

　紛争当時者の間に、公平・中立な第三者として学識経験者（弁護士、大学教授等の労働問題の専門家）が入り、双方の主張の要点を確かめ、双方から求められた場合には、具体的なあっせん案を提示します。

　裁判と比べ、手続きが迅速で簡便であり、費用がかからない（無料）点でメリットがあります。また、紛争当事者のプライバシーに配慮して、あっせん手続きは非公開で行われます。

　紛争当事者間で提示されたあっせん案に合意すると、そのあっせん案は、民法上の和解契約と同じ効力を持つことになります。また、あっせん案を受諾できない場合には、他の紛争解決機関での解決に委ねられることになります。

対象となる紛争
労働条件その他労働関係に関する事項についての個別労働紛争
- 解雇、雇止め、配置転換・出向、昇進・昇格、労働条件の不利益変更等労働条件に関する紛争
- いじめ・嫌がらせ等職場環境に関する紛争
- 会社分割による労働契約の承継、同業他社への就業禁止等の労働契約に関する紛争
- その他、退職に伴う研修費用の返還、営業車等会社所有物の破損に係る損害賠償をめぐる紛争　など

募集・採用に関する紛争、労働組合と事業主の間の紛争や労働者間の紛争、裁判で係争中または確定判決が出されているなど他の制度で取り扱われている紛争などは、対象とはなりません。

不利益取扱いの禁止
　事業主は、労働者が都道府県労働局長に紛争解決の援助を求めたこと、あっせんの申請をしたことを理由として、その労働者に対して、解雇などの不利益な取扱いをすることは、法律で禁止されています。

■4　均等法、パート労働法、育児・介護休業法上の紛争解決制度

　セクシュアルハラスメントや性差別などの事案は均等法、パートタイマーの待遇などに関する事業主の義務に係る事案はパート労働法、育児・介護休業等に関する事案は育児・介護休業法に基づく紛争解決制度の対象となり、都道府県労働局の雇用均等室で取り扱っています。

　これらの紛争解決制度では、紛争当事者からの申出により、都道府県労働局長の助言・指導・勧告のほか、学識経験者などの専門家からなる機関（均等法関係は機会均等調停会議、パート労働法関係は均衡待遇調停会議、育児・介護休業法関係は両立支援調停会議）による調停を利用することができます。

参考－1 個別労働紛争の相談件数の推移

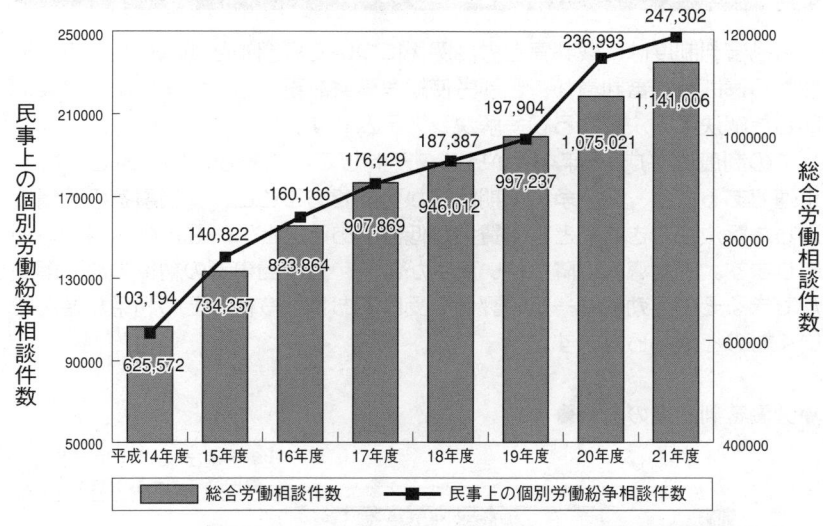

年度	総合労働相談件数	民事上の個別労働紛争相談件数
平成14年度	625,572	103,194
15年度	734,257	140,822
16年度	823,864	160,166
17年度	907,869	176,429
18年度	946,012	187,387
19年度	997,237	197,904
20年度	1,075,021	236,993
21年度	1,141,006	247,302

資料出所：厚生労働省調べ

参考－2 民事上の個別労働紛争相談の内訳（平成21年度）

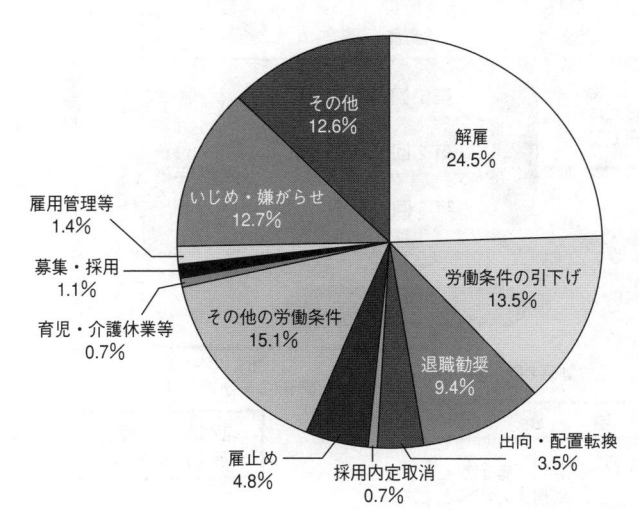

- 解雇 24.5%
- その他 12.6%
- いじめ・嫌がらせ 12.7%
- 雇用管理等 1.4%
- 募集・採用 1.1%
- 育児・介護休業等 0.7%
- その他の労働条件 15.1%
- 雇止め 4.8%
- 採用内定取消 0.7%
- 退職勧奨 9.4%
- 出向・配置転換 3.5%
- 労働条件の引下げ 13.5%

資料出所：厚生労働省調べ

❷ 労働審判制度

　労働審判制度は、裁判官と労働関係について専門的な知識経験を持つ労使から選ばれた審判員が、個別労使紛争事案を審理し、合議により事案に即した解決案を決定する紛争解決システムです。

　この制度は平成18年4月からスタートしていますが、①手続きが簡易迅速であること、②紛争の早期解決が可能であること、③当事者の実情に即した解決ができること、④費用が低額であること——などのメリットがあります。制度導入以降、使い勝手がよく、労使当事者の納得のゆく解決ができるその実効性は一定の評価を受けており、今後もその利用が進んでいくものと考えられます。

◆労働審判制度の流れ◆

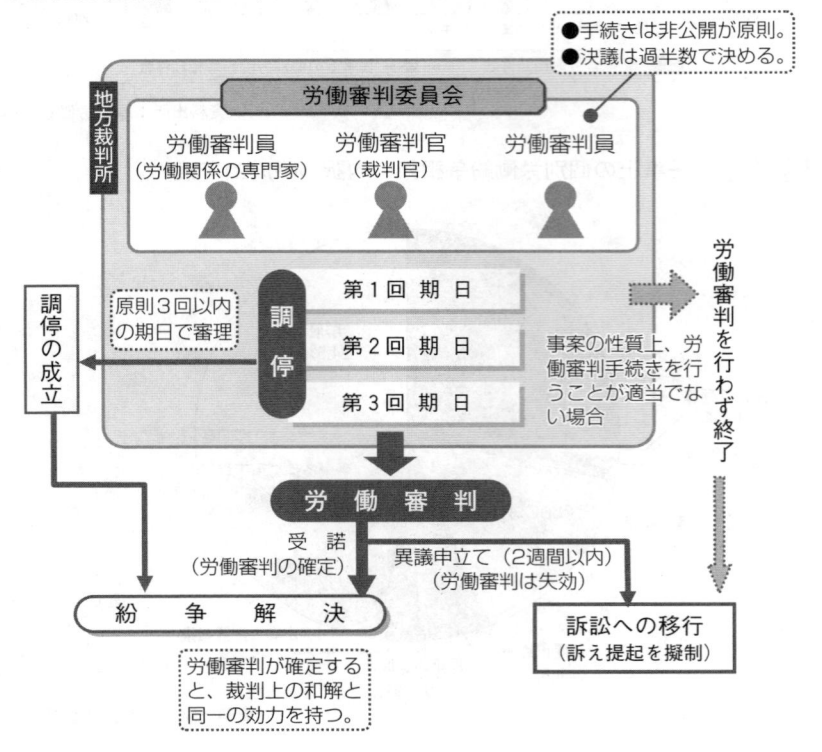

```
地方裁判所
 ┌─────────────────────────────────┐
 │        労働審判委員会              │     ●手続きは非公開が原則。
 │                                   │     ●決議は過半数で決める。
 │  労働審判員   労働審判官  労働審判員  │
 │ (労働関係の    (裁判官)            │
 │   専門家)                          │
 │                                   │
 │          ┌─ 第1回期日            │
 │   調停 ──┼─ 第2回期日            │  事案の性質上、労働審判手続きを行う
 │          └─ 第3回期日            │  ことが適当でない場合
 │                                   │
 │  原則3回以内の期日で審理           │
 └─────────────────────────────────┘
                ↓                            労働審判を行わず終了
          ┌─労働審判─┐                       ↓
   受諾   │           │ 異議申立て(2週間以内)
 (労働審判の確定)        (労働審判は失効)
     ↓                         ↓              ↓
  調停の成立           訴訟への移行
  紛争解決            (訴え提起を擬制)
```

労働審判が確定すると、裁判上の和解と同一の効力を持つ。

参考-3 全国の労働審判事件の事件種別ごとの新受件数

	平成18年 (4～12月) 計	平成19年 計	平成20年 計	平成21年 計	平成22年			合計
					1月	2月	計	
非金銭	463	780	1078	1793	106	117	223	4337
地位確認	418	719	1022	1701	104	114	218	4078
その他	45	61	56	92	2	3	5	259
金銭	414	714	974	1675	121	139	260	4037
賃金等	266	441	620	1059	75	94	169	2555
退職金	66	126	114	205	9	12	21	532
その他	82	147	240	411	37	33	70	950
合計	877	1494	2052	3468	227	256	483	8374

資料出所：最高裁行政局調べ
※平成22年4月12日集計による概数値

参考-4 全国の労働審判事件の終局事由ごとの既済件数

	平成18年計	平成19年計	平成20年計	平成21年計
労働審判	107	306	347	600
調停成立	427	997	1327	2200
24条終了*	19	47	60	107
取下げ	50	93	169	294
却下・移送等	3	7	8	25
	606	1450	1911	3226

＊事案が複雑で3回以内の期日以内で審理が終わらないなど事案の性質に照らして労働審判が適当でないと認めた場合に審判を終了するもの。

資料出所：最高裁行政局調べ
※平成22年4月12日集計による既数値

■全国の都道府県労働局総務部企画室の連絡先一覧

労働局名	郵便番号	住所	電話番号
北海道	060-8566	札幌市北区北8条西2丁目1番1号　札幌第1合同庁舎9F	011-709-2311(代)
青森	030-8558	青森市新町2丁目4番25号　青森合同庁舎8F	017-734-4212
岩手	020-8522	盛岡市中央通2丁目1番20号　ニッセイ同和損保盛岡ビル2F	019-604-3002
宮城	983-8585	仙台市宮城野区鉄砲町1番地　仙台第4合同庁舎7F	022-299-8834
秋田	010-0951	秋田市山王7丁目1番3号　秋田合同庁舎4F	018-883-4254
山形	990-8567	山形市香澄町3丁目2番1号　山交ビル3F	023-624-8226
福島	960-8021	福島市霞町1番46号　福島合同庁舎5F	024-536-4600
茨城	310-8511	水戸市宮町1丁目8番31号　茨城労働総合庁舎4F	029-224-6212
栃木	320-0845	宇都宮市明保野町1番4号　宇都宮第2地方合同庁舎4F	028-634-9112
群馬	371-8567	前橋市大渡町1丁目10番7号　群馬県公社総合ビル9F	027-210-5002
埼玉	330-6016	さいたま市中央区新都心11番地2　ランド・アクシス・タワー16F	048-600-6262
千葉	260-8612	千葉市中央区中央4丁目11番1号　千葉第2地方合同庁舎2F	043-221-2303
東京	102-8305	千代田区九段南1丁目2番1号　九段第3合同庁舎14F	03-3512-1608
神奈川	231-8434	横浜市中区北仲通5丁目57番地　横浜第2合同庁舎13F	045-211-7358
新潟	951-8588	新潟市中央区川岸町1丁目56番地　新潟労働総合庁舎	025-234-5353
富山	930-8509	富山市神通本町1丁目5番5号　富山労働総合庁舎1F	076-432-2728
石川	920-0024	金沢市西念3丁目4番1号　金沢駅西合同庁舎6F	076-265-4432
福井	910-8559	福井市春山1丁目1番54号　福井春山合同庁舎14F	0776-22-0221
山梨	400-8577	甲府市丸の内1丁目1番11号	055-225-2851
長野	380-8572	長野市中御所1丁目22番1号　長野労働総合庁舎4F	026-223-0551
岐阜	500-8723	岐阜市金竜町5丁目13番地　岐阜第2合同庁舎	058-245-8124
静岡	420-8639	静岡市葵区追手町9番50号　静岡地方合同庁舎3F	054-254-6320
愛知	460-8507	名古屋市中区三の丸2丁目5番1号　名古屋合同庁舎第2号館2F	052-972-0252
三重	514-8524	津市島崎町327番2　津第2地方合同庁舎3F	059-226-2110
滋賀	520-0057	大津市御幸町6番6号	077-522-6648
京都	604-0846	京都市中京区両替町通御池上ル金吹町451	075-241-3212
大阪	540-8527	大阪市中央区大手前4丁目1番67号　大阪合同庁舎第2号館8F	06-6949-6050
兵庫	650-0044	神戸市中央区東川崎町1丁目1番3号　神戸クリスタルタワー15F	078-367-0850
奈良	630-8570	奈良市法蓮町387番地　奈良第3地方合同庁舎	0742-32-0202
和歌山	640-8581	和歌山市黒田2丁目3番3号　和歌山労働総合庁舎3F	073-488-1101
鳥取	680-8522	鳥取市富安2丁目89番9号	0857-29-1701
島根	690-0841	松江市向島町134番10　松江地方合同庁舎5F	0852-20-7009
岡山	700-8611	岡山市北区下石井1丁目4番1号　岡山第2合同庁舎3F	086-225-2017
広島	730-8538	広島市中区上八丁堀6番30号　広島合同庁舎2号館5F	082-221-9240
山口	753-8510	山口市中河原町6番16号　山口地方合同庁舎2号館6F	083-995-0365
徳島	770-0851	徳島市徳島町城内6番6　徳島地方合同庁舎4F	088-652-9142
香川	760-0019	高松市サンポート3番33号　高松サンポート合同庁舎3F	087-811-8916
愛媛	790-8538	松山市若草町4番地3　松山若草合同庁舎6F	089-935-5201
高知	780-8548	高知市南金田1番39号　労働総合庁舎4F	088-885-6027
福岡	812-0013	福岡市博多区博多駅東2丁目11番1号　福岡合同庁舎新館5F	092-411-4763
佐賀	840-0801	佐賀市駅前中央3丁目3番20号　佐賀第2合同庁舎3F	0952-32-7167
長崎	850-0033	長崎市万才町7番1号　住友生命長崎ビル3F	095-801-0023
熊本	860-0805	熊本市桜町1番20号　西嶋三井ビルディング14F	096-211-1701
大分	870-0037	大分市東春日町17番20号　大分第2ソフィアプラザビル3F	097-536-3218
宮崎	880-0805	宮崎市橘通東3丁目1番22号　宮崎合同庁舎2F	0985-38-8821
鹿児島	892-0816	鹿児島市山下町13番21号　鹿児島合同庁舎2F	099-223-8239
沖縄	900-0006	那覇市おもろまち2丁目1番1号　那覇第2地方合同庁舎1号館3F	098-868-4403

裁判例索引

民集…最高裁判所民事判例集　　労民集…労働関係民事裁判例集
労判…労働判例　　労経速…労働経済判例速報　　判時…判例時報　　判タ…判例タイムズ
裁判集民…最高裁判所裁判集・民事　　知的財産例集…知的財産権関係民事・行政裁判例集

> **ＩＤ番号**
> 索引中、ＩＤ番号（00000）のある裁判例については、全基連のホームページから「労働基準関係判例検索」へアクセスし、ＩＤ番号から検索すると、事案の概要・判決理由の抜粋等を見ることができます。　▶http://www.zenkiren.com　全基連　検索

●最高裁判所●

最高裁大法廷判決昭36.5.31判時261号17頁［日本勧業経済会事件］00960
……………………………………………………………………… 2巻45頁・47頁
最高裁第二小法廷判決昭37.7.20民集16巻8号1656頁［全駐労小倉支部山田分会事件］
00895 ……………………………………………………………………… α107頁
最高裁第三小法廷判決昭43.3.12判時511号23頁［電電公社小倉電話局事件］00972
……………………………………………………………………… 1巻19頁、α21頁
最高裁大法廷判決昭43.12.25判時542号14頁［秋北バス事件］01480…… 1巻54頁・96頁
最高裁第一小法廷判決昭44.12.18民集23巻12号2495頁［福島県教組事件］00976 α112頁
最高裁第二小法廷判決昭48.1.19判時695号107頁［シンガー・ソーイング・メシーン・カムパニー事件］01130 ……………………………………………… 1巻20頁、2巻45頁
最高裁第二小法廷判決昭48.3.2労判171号16頁［林野庁白石営林署事件］01341
……………………………………………………………………… 2巻109頁
最高裁大法廷判決昭48.12.12判時724号18頁［三菱樹脂事件］00044
……………………………………………………………………… 1巻88頁・92頁・94頁
最高裁第一小法廷判決昭49.7.22労判206号27頁［東芝柳町工場事件］00385… 1巻108頁
最高裁第三小法廷判決昭50.2.25判時767号11頁［陸上自衛隊事件］03465
……………………………………………………………………… 3巻102頁、α143頁
最高裁第二小法廷判決昭50.4.25判時774号3頁［日本食塩製造事件］00669
……………………………………………………………………… 1巻80頁、3巻6頁
最高裁第一小法廷判決昭51.7.8判時827号52頁［茨城石炭商事事件］… 2巻46頁、3巻77頁
最高裁第二小法廷判決昭52.1.31裁判集民120号23頁［高知放送事件］00799 … 1巻80頁
最高裁大法廷判決昭52.2.23労判269号14頁［第二鳩タクシー事件］00915 …… 3巻41頁
最高裁第二小法廷判決昭52.8.9労経速958号25頁［三晃社事件］06707 3巻65頁・67頁
最高裁第二小法廷判決昭54.7.20労判323号19頁［大日本印刷事件］00173
……………………………………………………………………… 1巻83頁、α8頁・10頁
最高裁第一小法廷判決昭55.12.18判時359号58頁［大石塗装・鹿島建設事件］…… 3巻109頁
最高裁第一小法廷判決昭57.10.7労判399号11頁［大和銀行事件］01053 …… 2巻101頁
最高裁第一小法廷判決昭58.9.8労判415号29頁［関西電力事件］01901 ………… α44頁
最高裁第二小法廷判決昭58.9.16労判415号16頁［ダイハツ工業事件］01902
……………………………………………………………………… 3巻95頁、α46頁
最高裁第一小法廷判決昭58.10.27労判427号63頁［あさひ保育園事件］00646 … 3巻19頁
最高裁第三小法廷判決昭59.4.10労判429号12頁［川義事件］03115
……………………………………………………………………… 1巻6頁、3巻102頁、α143頁

最高裁第二小法廷判決昭61.7.14労判477号6頁［東亜ペイント事件］ 03758 …… 1巻130頁
最高裁第一小法廷判決昭62.4.2労判506号20頁［あけぼのタクシー事件］ 03043 … α108頁
最高裁第二小法廷判決昭62.7.10労判499号19頁［弘前電報電話局事件］ 03069
　　　　　　　　　　　　　　　　　　　　　　　　　　　　　　…………… 2巻109頁
最高裁第二小法廷判決昭62.10.16労判506号13頁［平安閣事件］ 03101 ………… 1巻115頁
最高裁第三小法廷判決昭63.2.16労判512号7頁［大曲市農協事件］ 03924 … α23頁・28頁
最高裁第一小法廷判決平元.12.14労判553号16頁［日本シェーリング事件］ 04803
　　　　　　　　　　　　　　　　　　　　　　　　　　　　　　……………… 2巻29頁
最高裁第二小法廷判決平2.11.26労判584号6頁［日新製鋼事件］ 05497
　　　　　　　　　　　　　　　　　　　　　　　　　　　　　 2巻45頁・47頁
最高裁第一小法廷判決平3.4.11労判590号14頁［三菱重工業損害賠償請求事件］ 05854
　　　　　　　　　　　　　　　　　　　　　　　　　　　　　　……………… 3巻108頁
最高裁第三小法廷判決平4.6.23労判613号6頁［時事通信社事件］ 05931 …… 2巻109頁
最高裁第二小法廷判決平4.12.18判時1459号153頁［協立倉庫事件］ ……………… 2巻39頁
最高裁第二小法廷判決平9.2.28労判710号12頁［第四銀行事件］ 06918
　　　　　　　　　　　　　　　　　　　　　　　　　　 1巻97頁、3巻31頁
最高裁第一小法廷判決平10.4.9労判736号15頁［片山組事件］ 07115 … 3巻16頁・118頁
最高裁第二小法廷判決平11.9.17労判768号16頁［帝国臓器製薬事件］ 07383 … 1巻132頁
最高裁第三小法廷判決平12.1.28労判774号7頁［ケンウッド事件］ 07405 … 1巻132頁
最高裁第一小法廷判決平12.3.9労判778号11頁［三菱重工業長崎造船所事件］ 07520
　　　　　　　　　　　　　　　　　　　　　　　　　　 2巻64頁・82頁、α85頁
最高裁第二小法廷判決平12.3.24労判779号13頁［電通事件］ 07529 … 3巻103頁・113頁
最高裁第一小法廷判決平12.9.7労判787号6頁［みちのく銀行事件］ 07602 … 1巻97頁
最高裁第二小法廷決定平12.10.13労判791号6頁［システムコンサルタント事件］ 07615
　　　　　　　　　　　　　　　　　　　　　　　　　　　　　　………………… 3巻103頁
最高裁第二小法廷判決平15.4.18労判847号14頁［新日本製鐵（日鐵運輸第2）事件］
 08151 ………………………………………………………………………………… 1巻138頁
最高裁第二小法廷判決平15.10.10労判861号5頁［フジ興産事件］ 08227
　　　　　　　　　　　　　　　　　　　　　　　　 1巻53頁、3巻27頁・95頁、α46頁
最高裁第一小法廷判決平15.12.4労判862号14頁［学校法人東朋学園事件］ 08240
　　　　　　　　　　　　　　　　　　　　　　　　　　　　　　……………… 2巻30頁
最高裁第三小法廷判決平18.3.28労判933号12頁［いずみ福祉会事件］…… α106頁・108頁
最高裁第二小法廷判決平22.7.12労経速2081号3頁［日本アイ・ビー・エム（会社分割）事件］…………………………………………………………………………………… α31頁

●高等裁判所●
東京高裁判決昭43.4.24判時525号82頁［日野自動車事件］ 00270 ……… 1巻135頁
東京高裁判決昭50.7.24労判245号26頁［大栄交通事件］ 00486 ……… 1巻115頁
大阪高裁判決昭53.1.31労判291号14頁［此花電報電話局事件］ 03334 2巻109頁・112頁
東京高裁判決昭54.10.29労判330号71頁［東洋酸素事件］ 00630 ……… 3巻19頁
東京高裁判決昭55.2.18労民集31巻1号49頁［古河鉱業足尾製作所事件］ 03240
　　　　　　　　　　　　　　　　　　　　　　　　　　 3巻70頁、α49頁・50頁
東京高裁判決昭59.3.30労判437号41頁［フォード自動車事件］ 00317 ………… 3巻12頁
大阪高裁判決平2.3.8労判575号59頁［千代田工業事件］ 05253 ……… 1巻77頁・126頁
名古屋高裁判決平2.8.31労判569号37頁［中部日本広告社事件］ 05465 ……… 3巻68頁
東京高裁判決平8.3.27判時706号69頁［エールフランス事件］……………………… α223頁

東京高裁判決平11.3.31労判758号7頁［丸子警報器（雇止め・本訴）事件］ 07318
……………………………………………………………………………………3巻21頁
福岡高裁決定平14.9.18労判840号52頁［安川電機八幡工場（パート解雇）事件］ 08013
……………………………………………………………………………………3巻40頁
大阪高裁判決平14.11.26労判849号157頁［創栄コンサルタント事件］ …………… 2巻42頁
東京高裁判決平15.1.29労判856号67頁［平和学園高校（本訴）事件］ 08107 … 3巻21頁
東京高裁判決平15.3.25労判849号87頁［川崎市水道局事件］ 08135 …………… α223頁
東京高裁判決平19.8.28判タ1264号299頁［東京ビューティーセンター（ＴＢＣ）情報漏えい事件］ ……………………………………………………………………… α55頁
広島高裁判決平19.9.4労判952号33頁［杉本商事事件］ ………………………… 2巻69頁
東京高裁判決平20.6.26労判963号16頁［日本アイ・ビー・エム（会社分割）事件］ 08646
……………………………………………………………………………………α31頁
大阪高裁判決平21.11.27労判1004号112頁［ＮＴＴ西日本（高齢者雇用・第1）事件］… α42頁
大阪高裁判決平22.11.16［奈良県（医師時間外手当）事件］ ……………………… α84頁

● 地方裁判所 ●

岡山地裁判決昭43.3.27判タ232号215頁［倉敷中央病院事件］ 04288 ………… 1巻135頁
金沢地裁判決昭43.3.27労判76号75頁［中部機械製作所事件］ 04287 ………… 3巻62頁
奈良地裁判決昭45.10.23判時624号78頁［フォセコ・ジャパン・リミティッド事件］ 04206
……………………………………………………………………………………3巻63頁
東京地裁判決昭47.1.27判時667号89頁［東京保健生活協同組合事件］ 00980
…………………………………………………………………………1巻20頁、2巻45頁
仙台地裁判決昭48.5.21判タ178号37頁［東北公済病院事件］ 03571 ………… 1巻135頁
秋田地裁判決昭50.4.10労判226号10頁［秋田相互銀行事件］ 00060 ………… 2巻25頁
大津地裁判決昭51.2.9判タ261号57頁［観光日本事件］ 03431 ……………… 3巻119頁
大阪地裁判決昭51.3.24判時814号150頁［此花電報電話局事件］ 01345 ……… 2巻112頁
東京地裁判決昭51.10.29判タ264号35頁［高野メリヤス事件］ 00425 ………… 3巻55頁
高知地裁判決昭53.4.20判タ306号48頁［ミロク製作所事件］ 00336 ………… 1巻138頁
東京地裁決定昭54.3.27労経速1010号25頁［アロマカラー事件］ 00429 ……… 3巻117頁
東京地裁判決昭55.12.25判タ355号15頁［ラジオ関東事件］ 03277 ………… 1巻135頁
東京地裁判決昭58.4.20労判407号17頁［ヤマト科学事件］ 01057 …………… 2巻3頁
浦和地裁判決昭58.4.26労判418号104頁［坂入産業事件］ 00163 ……… α18頁・19頁
大阪地裁判決昭58.7.12労判414号63頁［サンド事件］ 01277 ………………… 2巻90頁
名古屋地裁判決昭59.2.24労判439号85頁［富隆運送事件］ …………………… α19頁
名古屋地裁判決昭59.3.23労判439号64頁［ブラザー工業事件］ 00204 ……… 1巻38頁
東京地裁判決昭61.1.27労判468号6頁［津軽三年味噌販売事件］ 00495 …… 2巻39頁
浦和地裁判決昭61.5.30労判489号85頁［サロン・ド・リリー事件］ 03754 …… 3巻80頁
大阪地裁判決昭61.7.30労判481号51頁［レストラン『ビュッフェ』事件］ 03761
……………………………………………………………………………………2巻90頁
名古屋地裁判決昭61.9.29判時1224号66頁［美濃窯業事件］ 03777 ……… α49頁・50頁
大阪地裁決定昭61.12.5労判488号40頁［代々木運送事件］ 03803 …………… 3巻21頁
名古屋地裁判決昭62.7.27労判505号66頁［大隈鉄工所事件］ 03075 ………… 3巻78頁
東京地裁決定昭62.8.24判時503号32頁［持田製薬事件］ 03081 ……………… 3巻12頁
横浜地裁判決昭62.10.15労判506号44頁［池貝鉄工所事件］ 03100 …………… 3巻21頁
大阪地裁判決昭63.10.26労判530号40頁［関西ソニー販売事件］ 04035 ……… 2巻50頁
東京地裁判決平4.3.27労判609号63頁［ザ・チェース・マンハッタン・バンク事件］ 05849

………………………………………………………………… 3巻12頁
福岡地裁判決平4.4.16労判607号6頁［福岡セクハラ事件］ 05915 ………… α218頁
東京地裁判決平4.8.27労判611号10頁［日ソ図書事件］ 05942 …………… 2巻26頁
東京地裁判決平6.9.7判時1541号104頁［丸山宝飾事件］ 06486 …… 3巻78頁、α19頁
東京地裁判決平6.9.29判時1543号134頁［ケプナー・トリゴー日本株式会社事件］ 06489
………………………………………………………………… 3巻64頁
東京地裁決定平7.4.13労判675号13頁［スカンジナビア航空事件］ 06451 …… 3巻32頁
大阪地裁決定平7.7.27労判690号95頁［日証事件］ 06546 ………………… 3巻21頁
東京地裁決定平7.10.16労判690号75号［東京リーガルマインド事件］ 06573 … 3巻65頁
大阪地裁決定平7.10.20労判685号49頁［大阪暁明館事件］ 06577 ………… 3巻21頁
東京地裁判決平7.12.25労判689号31頁［三和機材事件］ 06610 …………… 1巻138頁
東京地裁判決平8.7.31労判712号85頁［ロイヤル・インシュアランス・パブリック・リミテッド・カンパニー事件］ 06692 ……………………………………… 3巻20頁・21頁
大阪地裁判決平8.12.25労判711号30頁［日本コンベンションサービス事件］ 06890
………………………………………………………………… 3巻62頁
浦和地裁決定平9.1.27判時1618号115頁［東京貨物社事件］ 06900 ……… 3巻64頁
東京地裁判決平9.5.26労判717号14頁［長谷工コーポレーション事件］ 06948
………………………………………………………………… 3巻81頁
札幌地裁決定平9.7.23労判723号62頁［北海道コカ・コーラボトリング事件］ 06967
………………………………………………………………… 1巻131頁
東京地裁決定平9.10.31判時1629号145頁［インフォミックス事件］ 06985 … 1巻84頁
大阪地裁決定平10.1.5労判732号49頁［興和事件］ 07067 ………………… 3巻21頁
東京地裁決定平10.1.7労判736号78頁［ナショナル・ウエストミンスター銀行（1次仮処分）事件］ 07068 ……………………………………………………… 3巻21頁
静岡地裁浜松支部決定平10.5.20労経速1687号3頁［レブロン事件］ 07130 … 3巻21頁
大阪地裁判決平10.8.31労判751号38頁［大阪労働衛生センター第一病院事件］ 07170
………………………………………………………………… 3巻32頁
東京地裁判決平10.9.25労判746号7頁［新日本証券事件］ 07184 ………… 3巻81頁
大阪地裁判決平10.12.22知的財産例集30巻4号1000頁［ニッシンコーポレーション事件］ 07631 ……………………………………………………………… 3巻64頁
福岡地裁久留米支部決定平10.12.24判判758号11頁［北原ウエルテック事件］ 07256
………………………………………………………………… 3巻21頁
東京地裁八王子支部決定平11.7.23労判775号71頁［ナカミチ事件］ 07368 … 3巻21頁
東京地裁決定平11.10.15労判770号34頁［セガ・エンタープライズ事件］ 07392
……………………………………………………………… 1巻94頁、3巻10頁
東京地裁判決平11.12.16労判780号61頁［シティズ事件］ 07476 ………… α19頁
東京地裁決定平12.1.12労判779号27頁［明治書院事件］ 07491 ………… 3巻21頁
東京地裁決定平12.1.21労判782号23頁［ナショナル・ウエストミンスター銀行（3次仮処分）事件］ 07493 ……………………………………………………… 3巻21頁
東京地裁判決平12.2.14労判780号9頁［須賀工業事件］ 07509 …………… 2巻101頁
山口地裁決定平12.2.28労判807号79頁［三田尻女子高校事件］ 07644 …… 3巻19頁
東京地裁判決平12.4.27判判782号6頁［東日本旅客鉄道（横浜土木技術センター）事件］ 07548 …………………………………………………………… α112頁
大阪地裁判決平12.6.19労判791号8頁［キヨウシステム事件］ 07570 …… 3巻63頁
東京地裁決定平12.12.18労判807号52頁［アスカ事件］ 07692 …………… α23頁
東京地裁判決平13.2.23労経速1768号16頁［ソフトウェア開発・ソリトン技研事件］ 07723

	3巻67頁
大阪地裁決定平13.4.12労判813号56頁［塚本庄太郎商店（仮処分）事件］ 07749
	3巻21頁
東京地裁決定平13.5.17労判814号132頁［労働大学（2次仮処分）事件］ 07758
	3巻21頁
岡山地裁倉敷支部決定平13.5.22労経速1781号3頁［ミニット・ジャパン事件］ 07759
	3巻21頁
大阪地裁判決平14.3.20労判829号79頁［塚本庄太郎商店事件］ 07932 ………… 3巻21頁
東京地裁判決平14.8.30労判838号32頁［ダイオーズサービシーズ事件］ 08005
	3巻71頁
東京地裁判決平14.9.30労経速1819号25頁［東洋印刷事件］ 08017 ………… 3巻21頁
大阪地裁判決平14.11.1労判840号32頁［和幸会（看護学校修学資金貸与）事件］ 08026
	3巻83頁
岡山地裁判決平14.11.6労判845号73頁［岡山セクハラ（リサイクルショップA社）事件］
08075 ………… α218頁
東京地裁判決平14.11.15労判836号148頁［阿由葉工務店事件］ ………… 2巻66頁
大阪地裁決定平15.4.16労判849号35頁［大建工業事件］ ………… 3巻117頁
東京地裁判決平15.4.28労判854号49頁［モーブッサン・ジャパン事件］ 08161
	3巻40頁
東京地裁判決平16.3.26労判876号56頁［独立行政法人N事件］ ………… 3巻118頁
さいたま地裁判決平16.9.24労判883号38頁［誠昇会北本共済病院事件］ ………… α223頁
東京地裁判決平17.1.28労判890号5頁［宣伝会議事件］ ………… α8頁・9頁
東京地裁判決平17.9.27労判909号56頁［アイメックス事件］ ………… α50頁
札幌地裁判決平18.2.28労判914号11頁［札幌東労基署長（北洋銀行）事件］ ………… α147頁
東京地裁判決平19.1.29労判939号89頁［ヤマト運輸（パート社員）事件］ ………… α75頁
東京地裁判決平19.3.9労判938号14頁［日産センチュリー証券事件］ 08655 ………… α50頁
横浜地裁判決平19.5.29労判942号5頁［日本アイ・ビー・エム（会社分割）事件］… α31頁
東京地裁判決平19.10.15労判950号5頁［日研化学・静岡労基署長事件］ 08599 ………… α223頁
福岡地裁判決平19.10.24労判956号44頁［ハヤシ（クモ膜下出血死）事件］ 08601
	α147頁
東京地裁判決平20.1.28労判953号10頁［日本マクドナルド事件］ 08626
	2巻90頁、α66頁
東京地裁判決平20.2.22労判966号51頁［総設事件］ ………… 2巻66頁
東京地裁判決平20.3.27労判964号25頁［大道工業事件］ 08637 ………… α85頁
神戸地裁判決平20.4.10労判974号68頁［ホテル日航大阪（脳出血）事件］… α147頁
大阪地裁判決平21.3.25労判1004号118頁［ＮＴＴ西日本（高齢者雇用・第1）事件］… α42頁
奈良地裁判決平21.4.22労判986号38頁［奈良県（医師時間外手当）事件］ ………… α84頁
横浜地裁川崎支部判決平22.2.25労判1002号5頁［京濱交通事件］ ………… α42頁

MEMO

ケーススタディ労務相談事例集プラスα

平成23年2月28日　初版発行

編　者　労働調査会出版局

発　行　社団法人 全国労働基準関係団体連合会
〒105-0003 東京都港区西新橋2-16-2
TEL 03 (3437) 1 0 2 2
FAX 03 (3437) 6 6 0 9
〔HOMEPAGE〕http://www.zenkiren.com

発 売 元　労 働 調 査 会
〒170-0004 東京都豊島区北大塚2-4-5
TEL 03 (3915) 6 4 0 1
FAX 03 (3918) 8 6 1 8
〔HOMEPAGE〕http://www.chosakai.co.jp/

ISBN978-4-86319-154-9 C2032

落丁・乱丁はお取り替え致します。

本書の全部または一部を無断で複写複製することは、法律で認められた場合を除き、著作権の侵害となります。